美,这奇特的理念

〔法〕弗朗索瓦·朱利安(François Jullien)著

高枫枫 译

北京大学出版社
PEKING UNIVERSITY PRESS

著作权合同登记号 图字：01-2013-8850

图书在版编目（CIP）数据

美，这奇特的理念 /（法）弗朗索瓦·朱利安著；高枫枫译. —2版. —北京：北京大学出版社，2021.1

（海外中国哲学丛书）

ISBN 978-7-301-31379-4

Ⅰ. ①美… Ⅱ. ①弗… ②高… Ⅲ. ①美学－研究 Ⅳ. ①B83

中国版本图书馆 CIP 数据核字（2020）第 107454 号

Cette étrange idée du beau by François Julien
© Editions Grasset & Fasquelle, 2010
Current Chinese translation rights arranged through Divas International, Paris 巴黎迪法国际
Simplified Chinese Edition © 2020 Peking University Press
All Rights Reserved

书　　名	美，这奇特的理念 MEI, ZHE QITE DE LINIAN
著作责任者	〔法〕弗朗索瓦·朱利安（François Jullien）著　高枫枫 译
责任编辑	王晨玉
标准书号	ISBN 978-7-301-31379-4
出版发行	北京大学出版社
地　　址	北京市海淀区成府路 205 号　100871
网　　址	http://www.pup.cn　　新浪微博：@北京大学出版社
电子信箱	pkuwsz@126.com
电　　话	邮购部 010-62752015　发行部 010-62750672 编辑部 010-62752025
印　刷　者	涿州市星河印刷有限公司
经　销　者	新华书店
	890 毫米×1240 毫米　A5　6.375 印张　150 千字 2021 年 1 月第 1 版　2021 年 1 月第 1 次印刷
定　　价	52.00 元

未经许可，不得以任何方式复制或抄袭本书之部分或全部内容。

版权所有，侵权必究

举报电话：010-62752024　电子信箱：fd@pup.pku.edu.cn

图书如有印装质量问题，请与出版部联系，电话：010-62756370

目 录

序　　1

一、美的、美　　1

二、美：哲学的练习　　4

三、一个无法定义的辙痕　　8

四、观察：中国没有经历过美的霸权　　14

五、是什么让我们失去了美？　　19

六、美，形而上学的支轴　　25

七、分离－调解：美栖息于高处的所在　　32

八、或通过有形的事物来"传神"　　40

九、美自形而来　　49

十、或描绘转化　　58

十一、多样性或变化度　　65

十二、质／价　　74

十三、相似／余韵	83
十四、临在／孕含	92
十五、裸体或美	98
十六、"一个事物的美的再现"	108
十七、"这很美"——除了"判断"还能做什么？	118
十八、是否关乎快感？	128
十九、美的民主	136
二十、美的惊惧	145
二十一、美之死	152
二十二、美之崇拜	162
二十三、走出美？	173
二十四、还美以其奇特性	180
参考书目及注解	186
译后记	193

序

没有什么比我们对待美的逢迎之态更令人心生疑惑。

我担心美所滋长的喧嚣,一下子就阻断了所有对它所进行的诘问。或者,即便有此诘问,也只限于不断纠结于美的定义,而从未提出这个先决性问题,即:"美",这一对于被感知客体的价值化判断,是否业已成为霸权之下遗世独立的概念,并进而被提升至绝对的地位?提出这样一个(美的)"客体"(objet)是否已经太过仓促?它难道没有首先回应我们形而上的需求吗?美,在欧洲文化中仍处于神坛地位,却没有对它所带来的偏见加以足够反思。现代主义则在并未带来更多启示的情况下与美展开对抗。

"美"并非不言而喻。然而我们又如何从远处对其进行诘问,以撼动围绕着它的如此多的既成观念?

在古典理性时期,人们曾试图毫不费力地让一个基督教哲学家与其中国同行对话。这也许是天真的。因为他们以何种语言来表达才能够不立刻打乱站在对方立场上的交流？我们因而相信语言是透明和中立的，却并不怀疑正是在它的皱褶处，我们开始思考。

因而我们有必要介入其间，为他们之间安排一个可以面对面的（vis-à-vis）情境；并且，与其企图从正面解构一个概念，不如绕过周遭，通过持续的迂回和接连的反复来加以突破，以便透过敞开的间距，令我们未思的基底逐渐显露出来。

经由中国，并非为了满足某种对于异国情调的追求，而是通过后退，来触及根本性的问题。或者毋宁说，来使得没有认清的问题浮出水面：如此，"美"才能从老生常谈中破茧而出，并发掘出一种令人着迷的奇特之处。

在此我也想生发出另一个对话：不再是跟中国，而是与当代艺术。这里的每一页文字难道不都是在呼唤它吗？至少我们在这里提出那些首要的元素，而它们将作为基石，等待更进一步的挖掘。因为那些最前沿的探索者，或者思想的先锋，是艺术家，而非哲学家。哲学，正如我们所知，总是晚些启航。

一、美的、美

让我们从最近处,从语言的根基,从那些激发思想的语言资源中重新出发。当我们从形容词的美过渡到名词的美会是怎样的情形?"美的"(形容词)属于广义的范畴,它使我们在可能性之间转变。一方面,它具有限制性,用于表达来自听觉和视觉使得人们得到快感的知觉;另一方面,它不设边界,也无甄选,表达一种更具普遍性的、非分散的,来自赞赏或者满足的知觉:它是适当的、实现了的和完成了的感知。在语言上,作为形容词的美既可以表示"一位美女",也可以表达"当头一棒","一个好身体",以及"小题大做之事"(*Bella cosa far niente*)……这打击(coup)或事情(affaire)都并非是"美的"。相反,当我们转入名词,美的含义孤立并成为唯一:美是那些美的事物的**本然**(*le propre*)。它将冠词凸显出来,适用范围的扩展单一化,并折返到我们称为"美学"的意义之中。一张面孔的美、一片风景的美、一幅画作的美。*

在希腊语中已是这样,然而还会有其他可能吗?荷马提到**身体之美**(Kalos to soma),以及"优良的港口",指一个处于很好地点的港口;或者"顺风",是指一阵有利的风势。尤利西斯长期漂泊,正是祈求这上述两者以便能够顺利归来。人们在这里所说的"美",充当着一种资源,并提供着一种用途。它与形势相适应,我们可以从中加以利用,而不是按照听觉或视觉的含义,以其本身固有的和非应用性的目的,从事物的功用性中分离出来。如果没有岸边的努希奇亚(Nausicaa),或者在音乐中将美予以提升的美人鱼的歌声,它可能就是风,在船帆中鼓动,或者存在于风景之中。相反,名词的"美"(le beau / to kalon)专指那些脱离功用目的,摆脱依附并具有一种特殊资质的,有关精神上和肉体上的美。这个实体的名词精确地实体化(本体化)。在所有与其相应的语义学的范畴内,它挑选并只接受那些纯粹的和确定的快感作为客体。美已经是人类本然固有的憧憬和追求,我们由此启程……

美在其他语言中又是怎样的情形呢?我们是否了解另一个语义学上的选择,它只依靠词法运作便可完成?让我们用中文来审视美。我们如今翻译为"美"的中文表达摇摆在以下两者之间:

---

* 译注:原文在这里所提及的"美"皆为没有冠词的"beauté"。

一、美的、美

一方面，它具有开放的含义，即所有经验层面可感受得到的完美和满足，这是一种能量充沛的"美"，或甚而是"里仁为美"（《论语·里仁》）。另一方面，孔子宣称，吴乐和韶乐"尽美矣"（子谓"韶"，尽美矣，又尽善也）。一个"尽善也"，另一个则没有（谓"武"，尽美矣，未尽善也）；或者他所说的"美目"（"巧笑倩兮，美目盼兮"），黑白清晰而分明。这就是中文：形容词和名词之间没有词法上的差异；它不表达作为一个概念和特性的"美"（或者美的事物），不抽离出"美"纯粹美学的含义而使思想能够加以本体化。只是通过从西方的引进，在19世纪末的中国，如同日本一样，才将我们在18世纪的欧洲所称的"esthétique"翻译为"美学"（étude du beau）。

而它所带来的具有决定性的结果是什么？

二、美：哲学的练习

归根结底，如果不是准确地发掘出希腊语所提供的这个资源，不是学着从（作为形容词的）美丽的事物到达（作为名词的）美之所以为美，柏拉图在建构哲学方面又做了什么？这甚至是这个苏格拉底的对话者进入哲学大门的入口处，正是在关于美的对话中（《大西庇亚篇》[l'Hippias majeur]），他才慢慢体会到这一很难跨越的差别。对于初学者的哲学练习：我不问你什么是"美的"，而是什么是"美"。学着从形容词过渡到名词，换言之，从品质到本质，从具体到抽象，从个别到普遍：不再指认，而是定义。我们会相信这个简单的解释，然而这里跨越的一步是决定性的，或者更确切地说，一切都由此源源而来，而我们将无法复返，原路折回不再可能：如果事物被判断为美的，则它存在着使其为美的"美"。在名词"美"中，美不再依附于其他任何事物，而是回复到成为其本质的实体中；它终止了自身在事物中不断的

二、美：哲学的练习

分解，以在主体中加以确认。美由此不再是一个"原初之美"（一匹骏马、一只美丽的琴鸟、一罐美味的马麦酱……），在加入所有与其自身分离的多样性的同时，它是一种"自在"（en-soi），是自身特性的独一无二的因源。从美的到美：（欧洲的）哲学产生于这一附加冠词，在这一移位中得以推进。

将"美"从"美的"中抽离而出而引发的大变动，使得思想从此不再似蜜蜂采蜜般从一种情形游移向另一种情形，平齐于事物表面，沿着不断发现来拼凑出这个世界，并自我满足于这对于一个个因素的清点，也就是说，抛弃所有这些旁枝末节。思想从此自我构建，并且首先从定义开始，柏拉图决意如是：致力于评价的统一以走出令人气馁的琐碎情况，并且予以概念至高无上的突出地位。于是，所有现实主义的质朴，指出进入眼帘之事物的现象主义，都予以超越。苏格拉底不以为然：让"美"将自己依附于任何一种物质上，因为我们在众多不同的物体中都发现这种相同的因素，这难道不是太可笑了吗？因为它不能作为一个物体，金子或者大理石，因而美是个概念。我们评估大理石用在雅典娜的雕像上比象牙更美，"因为它被用得恰如其分"。这不再是太明确地局限于一个给定材质，而是在一个原则中寻找美。这个原则自在地穿越各种繁复冗杂的不同。"适合的"：这个要点难道不正是美的定义吗？

然而，如此具有征服力的、初生的哲学遭遇了首个挫败：正如当我们从事物到事物，通过同化来识别美之时，思想迷失其中。此时，当使我们徘徊在从原则到原则之中时，它再一次失去方向。我们难道没有在其中遭遇到同样的惩罚，即不断减弱从美中获得的一切感知，从而令美再一次逃离？（还是在《大西庇亚篇》中）继续这个追寻美的练习：因为它更"适合"（convient）于功用，所以一个木质调羹比一个金质的更美吗？然而我们深信的"适合"是否只是表象？于是我们以"实用"（l'utile）修正"适合"，来更好地实现目的的实效性。然而实用难道不具有以获利为目标而背离益处的风险吗？于是我们再以"有利"（l'avantageux）来修正"实用"；然而对有利而言，如果产生益处，也将与益处分离；等等。

如果说柏拉图提出的这些"美"（le beau）的辩证练习值得一而再地加以复习的话，那是因为它会令我们很好地估量在怎样的难度中，一旦提出"美"，我们便不可避免地卷入其中。如同通过一个概念来定义美的抽象之路，此一宣告庄严之路的概念也许不再是，或者至少很快不再是，我们所期待的出路。那么为何迟迟不重返我们所说的共同感知，以及语言最初延展的载体？正如在论述的最后苏格拉底所提出的，美是"由听觉和视觉所引起的快感"。然而将美如是限定于感知之中，我们还能再表达道德之美吗？而且为什么首先是在我们的两个感官，听觉和视觉，而非其他知觉中，保留感知的乐趣。既非纯粹来自唯一，也非来自五

二、美：哲学的练习

个？美，在难以觉察地隶属于两个感知的同时，又分属于两者中的每一个。共同的本质再一次消失不见。在这一过程的开端，通过唯一的事实，即它是最"单纯"和最美好的，来定义这个视觉和听觉的快感，以期将它与其他感知相分离。这只是处于开始阶段的第一步，将美从愉悦中分辨出来，并使我们为其定义的特征更具价值，而之后当然还要将其从"公正"中加以辨别。如此引导着驶往终点的探究，实际上，才刚刚开始。

三、一个无法定义的辙痕

即便最终认识到这一探究无法完成,却并未妨碍柏拉图从一个边缘驶往另一个边缘,并在这个航迹上标出那个从这里启航的、永恒的"美的问题"(la question du beau)的航标。在《大西庇亚篇》中,这一问题奠定了基底,我们从此受束其中,无法走出。我们能与之决裂吗?能终于从这一束缚中解脱而出吗?它的阴影覆盖直到何处?回答变化无常,问题如故。从语言中抽离,剩下这个概念所产生的作用(effet de concept):美。假使不能定义何为美,我们至少承认它"存有"(est),"相信"(croyons)它存在。如果说我复习这些对于初学者的哲学练习,是因为现在正是时候来从外部评估它在多大程度上训练了我们。

我们难道没有注意到,当苏格拉底想要我们学着将自己提升到观念的高度时,他总是(在"崇高""良善"和"正义"之前)从美开始(柏拉图)?在事物所具有的多样性"之内"(sous),首

三、一个无法定义的辙痕

先被"确定"(poser)的,更确切地说,"确定于之前"的(supposer,为 l'hypothèse 的功能动词,《斐多篇》,100b)是"美"。"善",被提升到唯一和至高的地位,然而却需要通过美(*par ce beau*)来开始哲学教育:让它从复数过渡到单数,从"美的声音"(des belles voix)和"美的颜色"(des belles couleurs)过渡到美自身的唯一性(《理想国》一书的核心,476 b-d)。再者,正是从美出发,在从形容词到(中性的)名词的过渡中,开始了我们朝向完美之路的苦行:当我们只辨识美的事物,而不是美作为如此自在(*auto*)的存在时,我们就只能活在"梦"中(en songe)。摆脱美的束缚,进入真正的生活,我们在"理念"(idée)中觉醒。

因此我们不可避免地要重新踩着他们的足迹。必须从这个特定的地方,从这个问题自诞生以来首先采用的文本(《大西庇亚篇》)出发:在这里,尽管所有的疑难紧随而来,但最终确定它是本身为"美"(*le beau*)的"某个事物"(*quelque chose*),至少在原则上它同时是隔绝的和可辨识的,可以作为一个言说的对象。所能言说的"确定的主题"(le titre donné),必须同时以差距和控制力作为前提来抓住它。否则,言语便不能够成功抵达,而不得不永远继续下去,这也就是拉丁文所说的一致性,De pulchro(虽然只是中性,没有冠词)。即便我们不再视"美"为一个具有形而上学地位的概念,它却仍然由语言所支持,并为柏拉图予以天才般地阐释，同时隐藏着巨大的偏见：有一个"通过它"美才为美的"所在"（ce par quoi），换言之，它是美的本质，被赋予逻各斯（logos）中，即便我们触及它的尝试还是徒劳的。正如柏拉图所言，所"被确定于之前的"（supposé）已经足够了。的确，亚里士多德只相信被证实的，甚而无可怀疑的理念，而不再相信与知觉分离的理念，也就是那些甚至没有想过考虑其有效性的理念。而这个有效性是美的某个本然存有或者"本质"（quiddité），并与善拥有着相同的地位，也就是说，排在本质的首列之中：一个"对于自身而言的自在"（en-soi-quant-à-soi）。它只由自身加以确认，同时充当起因与目的，并如是自动导向认知（《形而上学》[*Métaphysique*]，*Zeta*，6）。

我们接着才有美，正如斯多葛派所做的那样，将这个概念再次予以延展；在不同的种类间，我们将美加以区分：在宇宙的美之间，产生不同形状的、大小的、顺序的、变化的或者颜色的美，正如我们从《论神性》（西塞罗）[1]中读到对美的赞颂。此外，还有我们所强调的比例恰当或"匀称"的人体之美。美的问题，从此，如同斯芬克斯般，静静地等待着答案。其自身承载着所有体系的印记：斯多葛派将美设想为各部分之间相互适应的关系，提出在世界的每一部分中的整体碎片化的主要观点。在逻辑上与柏罗丁（Plotin）的理论形成对照：在此情形下，一个、单一体、非组合，就不能是美吗？不如告诉我，什么是你对于美的定

三、一个无法定义的辙痕

义,我就会告诉你,什么是你所属的哲学体系。接下来,这些不同的划分,最多样的、无法令人理清的理论,纵横交错。总要回到柏拉图(《大西庇亚篇》),定义的列单在不断延长。此外还有 18 世纪,翻开《论美》(*Traité du beau*),此时轮到狄德罗来对美加以审读:美,作为内在含义(英国学派),或作为多样性错综交杂的均衡,或对几何学的精度最大限度的背离,或对于精准的适应……狄德罗加入自己的回答,正如每一次他都企图囊括所有在内:以一个或其他视角,美难道不是必然地(本质地)体现为"关系"吗?

我们于是要问:在对美提出问题的轨迹上,在追寻答案的激情里,欧洲是否处于领先地位?艺术无尽地变化,其革命性接连发生,然而美呢?"美",是富有创造性的吗?统合－形状－颜色－关系－部分/整体－契合－最大化－终结等等:我们可以移动这些参数中的这个或那个,突出这个或者那个,然而却没有就此走出那个为柏拉图初始化了的、被限定的、被定义的区域。狄德罗开篇即重申:"所有人都将美理性化",然而如果我们追问什么是它确切的定义或者它的真实概念,"一些人承认自己的无知,另一些人则落入怀疑论中"[2]。在这点上,"美"确实是那类令西方纠结难安的问题(此外还有"时间"的问题):从此强加于精神之中,为语言所承载,被判断为"必要",却并没有出路;并且这个谜,又一次地,早早就陷入陈规的泥沼。怀疑在这里产生

（或者这已经是一个如此开端的遗憾？）：与其落入柏拉图哲学的陷阱，难道我们不更需要不设定"美"，而是跟着诡辩派哲人西庇亚斯（Hippias），满足于命名"美"，用手指出落入这个或那个意义之中的，听到的或者看到的所有那些令我们迸发出欢呼的快感之处？是否必须要思考（penser）"美"？

声称拥有结语的黑格尔，在此问题上，又一次地，比其他人说得更多吗？在美的定义的轨迹上，是否还能更进一步？依据如今已丧失的与美相关的一致性，年轻的奥古斯丁（Augustin）已提出，为其身所适即为美（ce qui convient par soi-même）：不同于通过调整来适应的"合适"，美，要求一个客体与其必须成为的存有相一致。[3] 或者说，与其适合成为并可达至完美的存有相一致。[3] 然而按照针对双重一致性的来自两个层级的共同要求，换言之，即在原则和理念中和在感性的内部，对于那些与自身相符合的在己（qui est en soi-même conforme à soi）的有效一致性的要求，黑格尔所定义的美难道没有与浪漫主义最大限度的对美的赞颂背道而驰吗？我们能否走出这些术语：也就是说，走出美是与概念相一致的现象表征，在外部得以实现其客观性与内在性的一致，自身顺从于自身（lui-même conforme à lui-même）[4]？我们所把握的美的这一环环相扣，是感性的一致性步入为"概念"所特有的内在一致性；柏拉图，通过美的事物的特殊性达到美之普世性，然后开始通过适合性来定义美，从而有效地打开通路。挖掘出一片

三、一个无法定义的辙痕

天地,这是一处富矿吗?我们所做的只是将其延伸开来。

黑格尔诘问道,在柏拉图哲学的这个抽象中,有什么不再适应现代性的要求而将消失?他将其命名为欧洲所熟知的"具体性"(concret)[5],它以改造的姿态最大范围地指称事物,并最可能逃脱出柏拉图主义的这一"启航"。而经由中国是否也是另一种复得这个"具体性"的方式?这不是为了放弃美,而是为了最终达到概念的"完满"(plein)。如果以从柏拉图开始便沉迷的方式来定义美,最终只能功亏一篑。也许这是因为我们无法确定这个"理念"(idée)诞生的理论偏见;它利用了什么独特的资源。谁说加诸我们的美的问题,正是如此,无法避免?谁说它无所不在?如果我们想要恢复思想的丰富性,我认为,最好以恢复它的独特性作为开始。

四、观察：中国没有经历过美的霸权

　　为此，让我们从这一别处和这一观察重新开始。中文不但没有单纯地通过添加冠词进行这种从"美的"到"美"的简易滑动，将美转向一个具有普世性的概念（而且假使中国思想家也能制造抽象的话，他们也不会在其语言甚至词法中找到同样的便利）。然而相同地，或者说逆行地，两者无疑相辅相成：同样表达欧洲所称的"美"，中文却避免给予一个语义学上的元素独一无二的地位。那么，它能否有效地表述"美"，正如欧洲语言赋予这一概念霸权角色所达到的效果？欧洲语言所设计的霸权概念"美"，在中文里，为了不使得对它的表述具有排他性，而拥有一种更加多样的应用和程式，全部分布在一个具有关联性的网络中。同样，重述《大西庇亚篇》中的基础程式，中文投置在"听觉与视觉之快感"上的语言之网更加绵密，而且术语众多，功能均等，却在相互之间审慎地保持着距离；或者很好地相互交错，以便刚

四、观察：中国没有经历过美的霸权

好加以辨认。而根据某些作者个人习惯用语的不同，它们也会各不相同。"美"，这个如今对于"beau"的中文翻译，这个从此公认地充当"beau"的等同物的字眼，至少在传统上，并不具有统治地位。

中国的（或日本的）"美学"（l'esthétique）历史亦如此，都是来自西方模式的复制。追溯其文化本源，他们能否有一天回答希腊人曾提出的那个"必要的"（nécessaire）美的问题？[6]他们能够从容地展示从古典时代开始，这样或那样的思想学派如何培养了对我们今天称之为"美"的极度敏感。"美"，从欧洲开始，通过概念的全球化，中国人不再会费力地以自己的语言说出用什么术语来综合这样的意识，并加以阐释。"如果我们转向中国"，程抱一说，我们看到两大思想流派的奠基者都在开端时就提出了美的德行（les vertus de la beauté）[7]。我也希望如此，然而，在与西方相遇之前，在中文里（*en chinois*）是用什么来表述这里所说的以统一概念强加并建立在单一和普遍模式上的"美"（beauté）？

当然，程抱一所提到的只是关于儒家的礼与乐的表现问题，两者相互制衡；或者关于《逍遥游》和内在的自由，从行为准则中解脱出来，并获得真正的天性解放，就像（在《庄子》中）那位宋代宫廷画家一样。我因而提请注意我们时代的这种误解远不能促成文化间的出色对话，相反却会破坏它，甚至会导致它与

美，这奇特的理念

我们从此越离越远。在中国和日本，那些没有更多的对"美"这一西方概念加以转化，就立刻加以应用来阐述自身传统的人，他们无疑是文化版图上制造历史进程中不合时宜的相似性幻象的傀儡。在这些或另一些文明中，似乎存在着一种文化上的提纯，它最大程度地凸显出对于"视觉和听觉的"深思熟虑的快感，并需要美的概念来加以驾驭。然而如果我们反转这一视角呢？也许相反地，正是"美"的桂冠不幸遮盖了一个针对细微差别和对称性的游戏，并直到将其摧毁；将（美的）问题独立出来，提升到不可抗拒的地位，同时又没有答案，并将它的阴影投射于思想之上。

我特别注意到我那些最热爱中文的朋友们非同寻常的遗憾。他们都有那本中国最古老的书，《易经》，其中的文本在整个古典时代被层层递进地不断加以发展。不可忽略的要点是，此书中反映了最多样情状的64卦，却没有对美的明确论述；他们往往对此感到失望。只有第22卦（贲卦），其远不是最重要的一个，谈到装饰或美化：位于下部的那些对其进行描述的符码代表着过去用作硬币和昂贵标志的贝壳；而在它的上部，增加三倍的图形展现出向外的喷发形态以及春天般的蓬勃。我们观察到，整个图形表达了一种展现珍贵之物的表露于外的运动，然而却并未就此发展出一个理念，来特别完整地表达来自视听知觉的纯粹快感。

四、观察：中国没有经历过美的霸权

让我们观察这个装饰图像怎样呈现在这本书的连贯性中：它出现在被认为必须借助严密测量来重建和谐的时刻（第 21 卦，噬嗑：用力来"咬"，以便消除障碍，达到"聚合"和取得成功）；以及聚集微弱元素以消除强大元素的时刻之前（第 23 卦，剥："损坏"直至被剥夺）。这个介入的角度显得更为合适。我们从这个角度出发，直到涵盖所有元素，以此来考察文化的代表性，避免种族中心主义，或我所称的"种族霸权主义"（ethnomonisme），即这个（"美"）所属于的西方单一主义：装饰只是一个时刻（moment）。图像上的柔性元素（阴 − −）混入刚性元素（阳 —）来阻止其固化（下方的卦 ☵）；然后轮到刚性元素（阳）来挡住柔性元素（阴）的通路，以便阻止其变得过于软化（上方的卦 ☶）。如果存在"装饰"（embellissement），它便是来自这两个相反元素以相同的式样（文，通常表示轮廓、文本、顺序和文明，首先指向一个有着如此线条的交织）所进行的交汇；从内部显露出外部，首先从端点开始保持相齐（从图像的最初线条："脚"－"须"），直到所有元素都被包容在一个和谐的调式内（如同"空白"支配着图像）。

那么这个"装饰"教给我们什么呢？它是一个通过发散"浸润"（imprégnation）（线条 3）和"晕释"(estompement)（线条 5）来获得的微妙平衡，全都避免鲜明的光泽，因而毫不分散和吸引注意力以便紧紧抓住目光、为其诱惑，陶醉愉悦，正如当我们说出"真美"之时。并且这种平衡是暂时的：它在中国是如此平常，采用的视点是一个连续不断的过程的视点，协调相关元素，并且引导所有进程，正如世界为其所引导；而非将某个实体的"所在"（ce qui）——某个与所有进程割断的主体——与多样性中"假设"的（supposerait）和称之为"美"（le beau）的主体孤立起来，单独地、停滞地加以思考，并从感性中提炼出来，以创立完美的准则。

五、是什么让我们失去了美？

然而你也许会说，艺术本身难道不需要来促进和阐释美吗？我们知道中国具有丰饶的艺术传统，特别是在绘画领域，而在文人笔下绘画艺术更得到了长足的发展。问题：它是否因此也有关于"美"的论述？重读米芾（公元11世纪，在中国绘画全盛时期最具代表性的大画家之一）的杰作《画史》，我们看到它几乎囊括了所有范畴的表达，只是翻译以单一的方式将这种多样性简化了，而在这个绝对霸权的"美"[8]的字眼下还有其他可能吗？这位文人又是如何表达对所收藏画作的赞赏的？他仅表示，某幅作品"为上"（supérieur）；或者它是"活的"（vivant），或者"静好"，或者"佳"（一个最广泛应用的术语）；或者仿佛通过一个自然的效力予以"完成"（如天成），或者确实拥有"一个无尽的吸引力"（无穷志趣）。这些表达方式从一个向另一个游移：从免不了俗气的"诱惑"（艳），到只有进入它，艺术才能达到顶峰的

"入神"（dimension d'esprit）。或者正如前文所提及的关于"装饰"的图像，他运用了两个术语，阴与阳，来表达"柔性"与"刚性"的元素通过微妙平衡达到协调的二元结构："秀／润"，"清／丽"，或者"优／雅"等等。简言之，这个范畴囊括了多种多样的表达方式，却没有任何术语在其中占据主导地位。

让我们推延至大约七个世纪之后，对这个有着伟大传统的术语重复这项调查（在18世纪的方薰的理论中，那时欧洲的影响还没有开始渗透进中国）：我们仍然在中文里找不到今天翻译成"美"的术语。它通常仍是"佳"（beau-réussi），或者与"丑"相对的"艳"，有时与"丽"相连或者与其区别开来。为了说明一幅画作具有极高素养，有时强调其完成的自发性（"妙"），有时侧重其涉及的精神维度（"神"），有时又是两者合一（"神－妙"）。不只是表达方式，而是其蕴含的评判所具有的多样性与欧洲产生间距（écart）。在这里，没有任何术语是具有霸权地位的。同时我们也注意到，这不是一个简单的词汇问题：这个表示品质的范畴覆盖了多种多样具有磁极特征的二元表达；它不让自己按照某个唯一的视角来进行安排。

我之前提到观察，因为事实上中国将我们放在了这个促使我们进行思考的间距前：我们通过所有这些表示品质的网络所感知到的分支——既有冲突，也有关联——足以在它们之间形成一致和共鸣，这使得我们不再进行（柏拉图意义上的）"确定于前"

五、是什么让我们失去了美?

的假设(supposer)。也就是说,不再在这些分支中确定美的某个"本质"(essence),以将其建立在"存有"(Être)之中。我们需要稍微仔细地,并且以中文来阅读。就采取的策略而言,我承认要做出一种选择。我投入时间来开始大量的重新阅读,然而这并不是像弗洛伊德所嘲讽的那样,是对于"微小差别的自我陶醉",也不是沉溺于一个原则的他者性,正如没有人能机巧地在这方面对我横加指责,而是要做出一种选择,来阐释我认为普遍并未阐明,对它的阐明却至关重要的所在。两者择一:或者我们以暗示的方式,反映出"美"的自身期待,从而使得这些不同的术语重新整合,以所谓合乎逻辑的方式,发展出同样多的变体:具有同化作用的阅读在此不再造成障碍,甚至面对这一暗示,即使那些过于泛滥的东西也令人愉快地染上异国情调的魅力。或者另一种选择,也是我在此的选择:我们愿意去领会这些间距(écarts),它们在翻译中如此轻易地消失不见,于是我们试图要做的是,探索在人类冒险的路途中,它能将我们指引到多远的地方。

比如它们指引我们来重新思考这一领域,在那里,美以最不加掩饰的方式呈现出其特性:自荷马以来,美难道不是首先对人的身体而言吗?在中国亦然,当人们在说"美人"时,即便这并不是非指身体的形状或外表。从明代开始,特别是在新兴的、最受欢迎和需要插图的戏剧和小说迅速发展的影响下,女性之美成为一个绘画的题材;我们注意到,情色画的先驱周昉,正如其同

美，这奇特的理念

时代的所有此类画家，将女性身体的丰腴"视为美"[9]（各成其美矣）。无需更多评注，它们看似无关紧要。的确，文人传统通常会质疑所有这些吸引大众目光，并远离绘画本身原则的漂亮。事实上，印刻在人物身上的内在高贵气息才是最重要的，也才是人物画所要表达的：虽然宫廷女子外表或许"威严醇正"（貌虽端庄），它却存在于一股"纯和古雅"的气度中（神必清古），在其中自然流动着一种"尊贵、威严和高尚"的面貌[10]（自有威重俨然之色）（无论英文还是法文译者都一贯强调，这是一种尊贵与威严的"美"，却再次落入过分单一的表达方式之中[11]）。精神的，或者更是礼仪的内涵，在此超越了美作为其自身（*per se*）的一种价值化。"美丽女子"的人物画难道不也是一个娱人的目标吗？让我们在此流连，却并不能令我们"进入到更深的层面"[12]（至于仕女翎毛，贵游戏阅，不入清玩）。我们是否还未注意到有多少来自欧洲语言的译者，无论怎样都在以"美"——僵化单一的方式——来翻译中国并不缺乏的、各种不同方式的，并且在术语之间求得匹敌与平衡的组合形式？当美在西方，从我们优先的认知，同时也是从其目标的价值化，集中在同一个方向上，或者更是置入一个狭道时，中国却每一次都保留住它特有的表达方式。它们分类，却并不归入（用康德哲学的一个词来说，中国宁可"使之模式化"，也不"使之概念化"）；它们同样保持——两个配成一对的——相互作用。以行动，以众所周知孕育出宇宙生

五、是什么让我们失去了美？

成的"阴"与"阳"的作用，正如形象化的"装饰"已经展示的一样，而非以一个单一模式来加以掩盖和固化。那么中国又是如何抵抗美的支配地位？中国的表达方式不但将我们从概念的单一性结果引领回来，从而将我们保留在感知源头的最近处，还将我们导向不停激荡着世界，并令其不断延展的生气中。在《石涛》（Shitao）一书的译文中，皮埃尔·李克曼（Pierre Ryckmans）每次都以一成不变的方式译为"景色之美"（beauté du paysage[13]），而中文则是从第一页开始就以组合的形式来表述："处处"（çà et là，这里与那里）"秀-错"（山川人物之秀错）。以概念（抽象）来翻译无疑是如此困难（我注意到现代中文译者也同样加上"美"的字眼，好像它从此将作为一个必需的支撑在那里起作用[14]）。然而，在古典中文中，表达这里的景色足够吸引人，并未以"美"来加以归纳。张力在一个与另一个之间保持活力，而不是覆盖起来：在"突兀的"（凸凹突兀）与"散乱的"（断截横斜）之间，在辨别与分散之间；在这一点上，涌现出（surgit）的和吸引眼球的东西仍然在它的"这里与那里"（çà et là）的本土，善变、无序、缺乏安排。

我由此自问：当我爬上山冈，看到风景，说出"这真美！"时，意味着什么？在单一的抽象里顿感晕头转向的同时，它是否使我失去"感受"的能力（"受"，来自《石涛》的关键词之一）？"美"，难道不是一个通过质的掩盖达到的太过便利的称呼？一个使用过后变得沉思的标签，并将我从产生事物的"这里与那里"（çà et là）中分离出来？而"这里与那里"既相互分散，又相互关联，并组成朝向无穷却总以非对抗模式游戏的两极。"美"难道没有过于抛弃（dépris）、排除与重组？它难道没有因为生硬的加入而对我们随时发现世界造成障碍，或至少造成阻塞？而它所形成的屏障，并不比面对概念的普遍性，我们传统的对立面所给出的答案呈现出更多的独特之处。那是具有孕育能力的成对组合，它们在张力的作用下，不停地将世界放入和谐的状态并加以推进，而我们的注视本身也介入其中。不要忘了"事物"（chose）在中文里是"东－西"：已然是一种关联；或者风景，"山－水"（高与低）：总有一种交互作用。而"美"却使我们倾覆于结果之中，忘记过程，并阻断生气的交互运动。美、隔绝孤立于它的基座之上。

六、美，形而上学的支轴

这一竖立着美的基座——确切而言，一旦我们从远处发现它，它突然变得奇怪起来——我们是如何将其竖立起来的？我们是如何最终来到这里？在欧洲，为"美"立像，如神般，不可动摇，不可穿越。波德莱尔写道："啊，凡人，我真美！犹如宝石之梦……"（《美》[La Beauté]）。如同诸神的雕像僵固在他们的座位上，这美的雕像出现在世界各处，并如此方便地被搬来运去。如果说美从鲜活的生命中被剥离出来，确实是它自己选择抛离不稳定的、偶然的、个体的、分散的、"这里和那里"的、次要的因素：从所有牵连中抛离出来。它从各处切断缆绳，切断使它与生成相协调的联系和使它从属于过程和极性的秩序。与世界脱离，美封闭在自己的秘密里。波德莱尔还写道："……我高踞蓝天，难解如司芬克斯。"事物只有参与才是美的，然而对于那些已被隐约看见，并在这一注视下发生逆转的这个别处（cet

Ailleurs），却总是太模糊，迟疑而不确定。美成功地为自身树立起这个宏大的，适合于欧洲修辞学的戏剧性场景：距离－欲望－被损毁的"温顺的恋人"的苦难和难以消除的诘问，"一轮又一轮"准备为此做出牺牲。

美不只被抽象化：从"美的"到"美"；不只被提纯：从感性（sensible）到理念（idée）。它变成苦行之地，令我们忘记那过于轻易和脆弱的魅力。它也是那"美的声音和美的色彩"的来自之所，以及我们最终通往的地方。对于"觉醒的"生命而言，它只是梦幻。除此之外，也就是说以美自身而言，它自我孤立、自我放逐、自我净化："心比冰雪，纯白似天鹅。"（《美》）因为美如同英雄断腕般割舍掉所有它与他者的混杂，所有它所介入的关联，所有使其保持张力和相互作用的网络，而相互作用在中国看来却绝对不可或缺。这就是即便对美而言，为了确切地陈述这一朝向美的纯化和升华，柏拉图创造了（继阿那克萨戈拉之后，提出"精神"这一理念[15]）——在西方思想史上的决定性时刻——为我们所言说的绝对语句：明确割裂了那些使其具有特性，或者使其具有局部性，或者使其具有参考性的关联；那些使得它从属于远景，将它保持于附属，令它为经验所损害的事物：将它保留在一种附属之位上。这是对美而言，第一次，排除所有条件的陈述，确切地作为非条件的提升，显示出前所未有的独特力量。这或许也从此奠定了其如此沉重的命运。

六、美，形而上学的支轴

问题是：如何来言说这种从所有关系中的抽离而出，而"言说"（dire）实际上却是要建立关联，希腊人通过思考逻各斯而对此很擅长吗？柏拉图第一次体验到，针对"美"的，来自否定神学的力量。它不允许思想落入任何一方，每次都限制它的飞跃，从而将它从所有的异化中拯救出来。迷恋"纯粹的"（pur）、非附属的、非相对的以及对于分裂和结合进行的抵抗。眩晕：在怎样令人惊奇的远处，话语才不足以在这个相关性的游戏中大刀阔斧地切断如此多的牵连？或者说，这种其他可能性并未真正出现，而是在空洞中，从地平线以上，这种拒绝在更大范围内系统地封锁所有的可能性：从各方面严密交错，以便不让个别事物接近并玷污"美"（Le）？* 柏拉图（通过迪奥提玛在《会饮篇》中的话语）表达自己的喜悦之情："他会看到一个就其本性而言的令人震撼的美"，"既不是演变的，也不是死去的，既不是信赖的，也不是生长的，也不是减少的，既不是一方面是美的，另一方面是丑的，既不是在这时是美的，在那时是丑的，既不是在这种关系中是美的，在另一种中是丑的，既不是对这些而言是美的，对另外的是丑的"。将所有可能的确定性予以中和化，就可以令它最终出现吗？一位"美人"（une beauté）从所有人中脱颖而出，不依靠任何事物，不在任何一个角度上使其有所减损："不作为一张

---

* 译注：作者在这里用"Le"来强调美作为名词的属性。

脸，也不作为一双手来出现"，"也不作为一段演说，或者一次认知"，她"也并不位于任何外部事物之中，比如在一个生物中、在大地上、在天空里，或者任何其他事物中"。一定与任何都没有关联，这个美只能自我参照：反照在其自身，并且只能从自身得到满足，同时是"在己、对己和与己"（en soi quant à soi avec soi）。如是阐释的柏拉图走不出一个如此的封闭与冗余，因而也走不出"唯一的本体"（d'une seule essence）。

然而，柏拉图，正如我们所知，并未停留于此。这个通过美的绝对化而来的本体，它自身，只有一个面向，即，为了将其不断移注"于所有"（sur tout），将美从一个"美的身体"（beau corps）的特性中抽离出来，再转移到普遍性及其产物中，视"崇高的行动如同卓越的科学"。* 如此将它从感性中剥离出来之后，我们进入到美基于自身的认知，忽略所有的生成和过程，而这就是它所并不足够之处。在哪里能找到这提升的力量？我们如何连接到与本体分离之地，与创立了形而上学来建立这个世界的稳定性和真实性的分离之所？只有美在这一点上有所助益；只有美是它的依靠和媒介。这就是为什么它自身承载着欧洲思想的宿命：这一思想在美身上所结的，正如茱萸树上缠绕的藤蔓。

缺乏对于（欧洲的）形而上学为什么需要美来作为其建构

---

* 译注：原文中的"崇高的"和"卓越的"同为一个形容词，即"美的"。

六、美，形而上学的支轴

工具的评估，我们便无法进入美的思想；结果是，它令美演绎了一个如此非同寻常的角色。在所有的理念中（良善、正义、智慧……），美重新显露出一个唯一的特权。我们在《斐德罗》(*Phèdre*，250b-d) 的转折点中得到印证：不只从美出发，我们开始构想理念的超验性。而且，又是美，在相反的面向上，将我们与这一处于深处的理念的本体联系起来。因为只有它"闪耀"，并瞩目地彰显在我们的眼前。即便敏锐地意识到这一点，我们也已跌落其中，末世的想象在此当然只为了更好地展开这个分离的图景。只有它可以将这一理念本体转化为我们向往的理想，或者更进一步：正是通过美，我们行使对意义的超越，正如对理念的抽象化－绝对化。然而同时，相反地，在我们突然体验到的，更加情感化的震动和颤抖中，强烈地，面对面地，爱人之美就在眼前，我们回想起在彼处 (Là-bas) 领悟的美。只有它，可以连接起两者。因为如果没有美，我们只能够对天畅想？我们如何能确定这不是怀旧的感受？然而，苏格拉底说，这个世界上的其他理念不具备任何形象之光，而且如此勉强地令人感受到某些相似性，只有美专有这成分，同时是"最彰显的"(le plus manifeste) 和"最激起欲望的"(le plus désirable)：只有它可以调动起我们。

柏拉图要把两者结合在一起思考：如果没有美，我们甚至不会想起这个理念的世界。如果我们没有与它完全分离，它本身也就不是理念的世界（纯粹、永恒、绝对……）；因为所有都从这理念之地被分离出来，只有美处于感性的中心，它做出标记，指引我们朝向超越。甚至赋予所有的力量朝向制高点，来阐明这一美的介质，令我们翻转陷入到这里与当下的和肉体与物质的直接性中：美是最承载着欲念的，承载着爱的冲动的厄洛斯（l'erôs）的那个客体；正如它，完全归属于不可见，却在可见性的内部以最可见的形式烘托而出。甚而，希腊人明确表示，美是在可见的内部聚集，并通过"涌现"（surgissement）而为可见。它是，通过对一个别处（un Ailleurs）的暗示，通过对可见的烘托，来保有它满载的强度。让我们观察一下这些可能以现象学的方式加以发展的所在：美通过显现来强调可见，正如它通过超越将可见引向极限。也就是说，美对可见加以区别和提升只是因为可见自身未丝毫减弱。或更进一步：它将可见更好地提升到它所致力于抛弃的可见性。

从美所表现出的这一矛盾中，柏拉图抽丝去茧，丝毫没有减少对人类状况的研究：正如我们从美中学到的，人类将"别处"（l'ailleurs）带入其自身的存有（这也从本质上解释了何为"思考"），他同时参与到这里与那里之中。他不能满足于此处，而通过美将其从彼处凸显出来；对于来自彼处的轻触，他已经激动不已。同样是在美中，从美出发，他发现了自己的使命：从完整的意义上，美是启蒙（重新指向"彼处"——神秘的语言在那里不只是一种装饰）。带着这个结论回程，从走过生命"此处"的持续激动中，从它能如此推动我们存在的感知中（柏拉图在这里开启了一个艺术的，如同文学的矿藏）：因要离开这个世界，而更感觉到存在于这个世界；美，通过深入自身的缺席，同样捕捉住我们的目光。

七、分离 - 调解：美栖息于高处的所在

多少次我们再次回到这里？多少次（从一个到另一个时代，一再重读柏罗丁、费西诺 [Ficin] 等等）我们重返这个柏拉图主义思想之地（*loci platonici*）？他们是否已明确投入到从此在结构上与美扯不断的关系中？如果说我本人还徘徊在这个太为人所知的、太过于相似以便对我们再进行言说的柏拉图思想之地久久不愿离去的话，那是因为我需要时间使这个思想所具有的奇特性显示出来。事实上，对它们的阅读在多大程度上塑造了我们，使我们依附于它，而我们又对此做了多少批判？它们介入到分离的与调解的，一个牵连着另一个的这两个紧密相连的时刻，这两个重要的欧洲思想活动中。如果说美位于首要位置，也许不只是因为对美的兴趣，而更是因为它是一个最佳的支轴，甚至是欧洲思想能够找到的唯一的"接合点"（tenon），来将哲学的二元论和位于它上游的宗教苦行主义进行对比：可见的与可理解的、经验论

七、分离-调解：美栖息于高处的所在

与理念，结合在一起（在柏拉图之前的毕达哥拉斯）。"美"，是唯一的一个，属于这两者：通过进入感性的最深处，给予它与之分离的必然性，正如柏拉图所言，美"闪耀"（reluit）在它所寄居的这一怀恋中；而正是这个"非"（l'in-）和"去"（dés-）人格化的神学——将嵌入肉身的神加以抽离，并充分利用这一抽离的痛苦——以在欧洲戏剧化地用"存在"（l'existence）代替生命（la vie）对事物加以解读的方式，将美置于核心的位置，或者更确切地说，枢纽的位置。

相反的证据：亚里士多德，如此缺少戏剧性。如果亚里士多德认识到，正如希腊语所称，美的一个本体或本质，然而却没有将其发展为一个哲学问题，更确切地说，没有将理念从感性中分离出来，那么他就不需要一个调解元素——美——来进入其中；另一方面或者更确切地说，因为尘世的此处与天堂的彼处是如此地割裂（在可变与不变之间，在必然与偶然之间），或者它们的异质性是如此的彻底（正如在物理与神学之间），以致不可能想见任何一个会参与到另一个当中。如果天上的神从此对于其下的世界完全陌生，"美"又能做什么，或者它作为对象又能带来何种启示？因此，我们不能将其弄错，而要谨记：为什么其他文化传统可以不将美孤立起来：我们对美的兴趣首先不在于它能够作为艺术的概念，或者只是能够说出在自然面前体验到的情感——柏拉图约束自己的美的经历，在情人面前抑制冲动的欲望，然而建构

形而上学理念中，我们需要"美"，作为一个逻辑的工具。

我们对福柯学派所提出的"传统"（tradition），一个如此懒惰的平庸字眼，也持保留意见，并看不出如何在此避免它：在这一点上，烙印的痕迹历历在目，并将自身与其他可能性隔绝开来。因为直到康德对于形而上学的评论中，这一美的介质功能仍再次显露出来，总是如此强有力和如此必不可少：康德从保有二元论的前提出发，必然地而又合乎逻辑地"重新经过那里"（*repasser par là*）。只要我们继续分隔感性与超感性这两个在康德术语中来自本性与自由的范畴，一个隶属于理解力法则，另一个则归于理性，前者为概念范畴，后者则是理念等等，我们是否就不必强制性地推行一个（用"美"来担当的）术语或者调解的元素，以在它们之间加以衔接？尽管"深不可测"（insondable），"美"可保证这一所谓的同一性和整体的一致性的建立，以及超验性地连接起两者（对于自由目的论而言的本性目的论，见《判断力批判》的引言部分）。

康德认为，如果一个"深不可测的鸿沟"（abîme incommensurable）再次并且总是将超感性与感性隔离开来，以至于从一个到达另一个不再可能，那么美所产生的快感并不会减少介入，而只会在以下两者之间变得更加精准：在"认知"能力（以构成现象的客体）和"渴望"善的能力（以发现意愿的无条件性）之间；甚至加诸美的"评判"能力也处于理解力和理性之间，连接

七、分离-调解：美栖息于高处的所在

起（来自快感的）经验论和（来自判断的）先验性；或者美还可以作为人类特有的标准来与动物共同分享，比如"讨人喜爱"（agréable）；以及还可以发展为所有理性价值的"善"（bien），其中包括精神……我们无法穷尽美所担当的调解角色。因而在康德看来，哲学将只有（理论的和实践的）两个部分，然而却必须有三个批判（Critiques）。正是第三个（以美开始的"判断"的批判）才是所有体系最终的主宰者：因为是它，使得构想这著名的"通道"成为可能，否则两者之间的连接便不存在可能性。因而谁又能够肯定康德不是为了他自己而对美发生兴趣，或者难道在他的生命中从未注视过一幅画作吗？

在这点上，如果在古典与现代之间存在间距（écart）的话，难道不是更由于它只是固着于感性的和理解力的这两个分离的"领域"（domaines）彼此进行评估的方式？为了提升一个，而贬损另一个：必须爬出这个感性的泥沼，以在精神层面提升理念；或者两者同样被认为对人的发展是必需的，而在它们之间达至适当的平衡。美在其中的调解功能也相应地会发生改变：或者美作为通道（passage）只是单一发展的条件；或者它保持在分界面（interface）的功能中，将相反的两者予以调和。或者如柏拉图，进而柏罗丁所持有的自相矛盾的结论：美越深入、越提炼、越抽离，便越变得难以辨认。对其本体论的范畴加以展开，从身体之美到理性，即逻各斯，它存在于本性之中，并限制身体之美，继

而从这个本然之美到灵魂之美，再从这个灵魂之美到智慧之美，它寄居在灵魂，正如寄居在物质之中。一个如此的美，处于"首要"（première）地位，来自别处（d'ailleurs）或者"彼处"（Là-bas）（柏罗丁，第五章，8，3），进而与善混合在一起：它在达到顶点的同时也消失殆尽。可以再次确认的是，在形而上学的建构中，"美"与其说总是具有充分的透明性，不如说它却更少具有来自自身的确定性，它是哲学的代言人。

希腊人（柏拉图－柏罗丁）对于"美"的注视拥有情人迷恋所爱之人身体的目光。从这一欲望的俘获和依附中，他们只能求助于解放自己——所有都是被限定的，具有独特的人类学的经验：这一美的资源从自我中产生直到枯竭，在善的凸显之下，导向对于肉体的弃绝，同时用它独一无二的光芒照亮整个存在。现代——更准确地说，是"前现代"（pré-modernes，席勒）——重启形而上学的二元论术语，好像根据这些一成不变的二律背反，它便可以避开所有的质疑（这就是"传统"）：一方面是"感性"（时间－本性－排除－有限性……），另一方面是"确定性"（绝对－理性－自由－永恒……）。在两者之中所做的选择于是反过头来反映出希腊人和谐的平衡：美难道不是在提升那些我们排斥的、远离的、陷入身体之中或者反之沉入思辨之内的事物？天堂的古老怀旧变成黄金时代的怀旧，美，再一次，在失去中感到荣耀。剩下的是，美从此不再能以苦行之名抛弃其感性层面，逻辑

七、分离-调解：美栖息于高处的所在

（或者更确切地是修辞）也不再是逐步扩展或增强，是达到平衡。美在两个意义中交叉："通过美"，席勒说，"感性的人被引向形式和思想"；反之，"通过美，精神上的人被重置于本然，并予世界以意义"[16]。美的调解角色从此——公正地——从一方，正如从另一方，开始运作。

它因而产生了一些结果吗？正相反。因为不再以牺牲一个来换取另一个的超越，这个美的"中"（milieu）想要使得不可调和者共居一处；这个只有美可以行使的调解角色把我们置于这个中间状态——将两个相对的状态加以合并，结果只能强化矛盾。因为如果美将感性与思考，这两个相反的状态连接在一起，"它便将不存在"，席勒继续说，"在两者之间的任何中间状态"没有任何方式可以将它们融合在一起："这就是那个准确的所在，并最终导致关于美的所有问题的终结。"[17]因为美永远是"问题"（problème）。不重新建构这一调解角色，正如康德所做的，而是从一个能力的理论出发，于是总是回归，最终结算，正如溃败后的残局，却在欧洲的合理性中，打开一个缺口（然而在这个缺口同时涌入欲望和诱惑）来针对美的"谜一般的"（énigmatique）本然，并将其缩写为"神秘"（Mystère）……

我们能否走出这个僵局？我们能否从此爬出这个美的构想？在这个构想中，美被视为两个彼此分离甚至就其本质而言相互对立的领域的联合和调解，并因此也在美自身造就了矛盾的特征。

既然美仍然保持在即刻的感性存有和理念的思考之间的"中"（milieu）的位置，黑格尔似乎更想引导美的回归：美在这里以感性和客体的形式，在通向感觉的超感性的绝对的内部，被作为一种认知来思考；它从而可以作为（普世的）概念的统一体和（个体的）现象的表现；或者作为一个"内容"（contenu）及其"表现"（manifestation）来加以定义。黑格尔并未止步于此，他在引导这个概念走向完成的同时，在其建立的基础上带入破坏它的东西；而他当然只能通过质疑著名的二元论来实现这一点。通过这一间距，他最终谨慎地开启了通往所有其他可能性的大门。

事实上正如黑格尔所做的，"表象"（apparence）不再与存有和真理相对，而是从此作为存有的本体"显形"（apparaître）。没有它，真理将不复存在[18]：美本身因此成为理念的感性显形，或甚至认为"精神"（esprit）不再是被排斥在客体特征（"那些保留在对面的"[19]）之外的抽象实体，而是安顿另一个它、它的本然的所在，并不再令其为本然所限和所囿；"本然"（nature）不再如形而上学的二元论所做的那样，分离地置于精神的对面，从而构想出"在己拥有"（portant en elle）[20]。自从如长期停留在二分法阶段的经典理解力所做的那样，精神与本然作为两个分离的"面"（côté），一个区别于另一个而处于相互的外部，有什么发生根本改变了吗？在黑格尔所达到的唯心论的制高点，他辨别出一个分支，我们开始跟随它，以期走出深陷其中的形而上学的状态。唯心论因而进一步摧毁了二元论的要点，搭建起第一座通往所有其他可能性的桥梁；尤其是朝向中国不断重复的概念。它将我们导向在此多次提及的"一处风景之精神"（l'esprit d'un paysage）。这一"精神"的重组，是第一步，然而已经开始了，甚至我们都没有意识到，我们已经将"美"留在了身后。

八、或通过有形的事物来"传神"

一处"风景"(paysage):山峰和沟壑,岩石和森林,雾气笼罩着山谷和急流;或者大河的支流,几个隐约可见的小岛,以及柳树,在岸边,隐约显出风的痕迹。这些在中国文人笔下被如此多描绘的风景,是如何,按照黑格尔的动词,"怀有"(porteraient)精神的无限性?因为确实有着大量物质性的呈现,宽大的船舷侧翼、笨重的岩石、凹凸不平的树干;正是在这里现实化为一种能量,它时而稠密、坚硬、深暗;时而融化、扩散,并生发和拓展。这一物质性并非来自惯性,而是任凭产生它的动力显现出来。它们之间的互通产生了最少的反差:铺设这一物质性并将其激活。"风景的精神"意味着什么,当它不再正如我们在欧洲习以为常的那样,只是通过简单的影射和隐喻,在事物并只能是事物的内部来传递一个主体的精神状态——只有它,在"给予"(prêter)风景以生命?

八、或通过有形的事物来"传神"

中国一些最早期用于风景画的术语（从公元4世纪到公元5世纪：宗炳、王微）即刻将我们置于同时对于物理学和形而上学的质疑之中。此外不要忘记，我们在此以"风景"来翻译："山－水"（montagnes-eaux），与主体呈现的单一感知相距甚远，它在注视中清晰地勾勒出地平线。这个有着代表性的极性游戏认为：它不只是高的和低的，也是垂直的和水平的，有形的（山）和无形的（水），静止的和运动的，阻光的和透明的……风景以如此浓缩和聚集的方式相互作用，不停地制造着世界，并居住于其中：赋予其生命。这就是为什么它认为"风景自身包含着物质性，并且指向精神"[21]（质有而趣灵）。事实上在中国，圣人和风景处于平行位置："夫圣人以神法道，而贤者通"；同样，"山水以形媚道，而仁者乐"。

因此，让我们停留于这条智慧之道（voie de la sagesse）上的远超出一种平衡，并提升着风景的所在。为什么这个山和水的"形"，不像普遍存在于欧洲语境中的本然那样，并未因其缺乏活力和其感知的－客观的特征而与"神"对立，而是相反地给予它感性的、"亲切的"（aimable）且"迷人的"（séduisant）特质？读一下更早的那些打破二元论的术语，而不被我们的概念所扰乱，精神的教诲如是说（我们甚至可以更准确地理解，在这个时代和语境下，佛的教诲）："神本亡端，棲形感类，理入影迹……"[22]

确实，翻译就是如此（用冠词、介词、代词、从句、主语以及动词变位）做了太多陈述和太多建构；必须将每个术语以它们的四字加以限定："寄居－现实化－感动－类别"（栖形感类）——我们的概念之地摇摇欲坠。我们越发感觉到句法恢复之下的差异之所在，以及它所引起的主要变动。在这里，神（dimension d'esprit）确实是个问题，它如此地不可见，然而却并不因此遗世独立：它不在任何别处（*nulle part ailleurs*），而只"寄居"或者"栖息"（栖）在感性里；它处于蕴含着相互激发并引起事物变化的过程中，而非将自己隔离开来。这就是为什么圣人会说，当智慧照耀无数代人，（佛教意义上的）万种现象"融入精神的飞跃"（融其神色）。我们于是在平行性中深入探索：物质的（有形的）如何"融入"（fondre）理念的（精神的）？或者这唯一的"融入"，与让我们背叛所有"对世界的看法"相比，带给我们更多的确定和启示？假设它在此与异国情调的亲切并无关系……

我乐于承认，我们是从（西方的）外部提出这个问题，暗示一种二者择一。在那里，中国思想家摆脱二律背反，并不自我诘问。他们经过，但不思考。有更多的理由令我们停留：什么是"融"（fondre）突然揭示的另一种可能性，这一汉字展现出热气的升腾与消散。结果是否是融化的、液化的，或者调和的各种形式？"融"也可以说是转变。（固态）物质在其中分解和扩大，

八、或通过有形的事物来"传神"

变形并发生膨胀;结果是向着所有的不可感知与不可限定开放:"融"是一个典型的反二元论的动词。这一术语,在中文中如此平常,我们因而要探究它所未说出的,以及它并无不安而是轻巧触及的所在;在它偶然挖掘却并未引发关注的间距处来思考它:物质的(感性的)不再是与思想分离的另一个,正如(按照经典二元论的最终用语)一个与另一个分开的两个"领域";相反,"融(的事物)"(la fondant)或在已相融(se fondant en elle),令物质自我发散,一下子就消除了隔在之间的所有原则的外在性。这在另一个思想家那里有少许变化:"本乎形者融灵"[23]——这个概念的语段非常具有典型性。正如石涛,在(18世纪初)这一绘画传统行将结束时,也以相近的术语写到:"山岳荐灵"[24];或者,将极性的两个术语分开却平行考量:海"能荐生命以灵性";山"能脉运天下"。

用(输入的)欧洲术语表达,于是问题集中于我们的形而上学:我们如何能够理解感性与精神的差别,而不因此导向"美"被置于高处的二元论?中国人思考的不是存有的术语,而是事物的过程;不是质量的术语,而更多的是能力(capacités);不是以典型和模仿的术语,而更是过程和"道",在开端之处只真切体会唯一和同一的现实:生生之气的能量或者气(理,另一个在古典时代的二元结构术语,指"纹理"或内部的一致性,并使得这一能力规范化地展开)。所有存在的事物,无论人还是山,因此都是一个个体，聚集在其不可见的基底的气（太虚）给予它以可触知的形状。

然而我担心这个纯粹解释性的话语太快就脱口而出。在我们的精神里，它不是理解力的问题，而是同化（或者更准确地说是去同化和再同化的问题。通过适应，从那些编织了我们最共有表现的基底沉积出"理所当然"）。让我们耐心对待这个必然需要的同化过程：神（la dimension sprituelle）和形（l'actualisation sensible）不再是两个相对的和互补的形态，它们通过不停的交互作用生发出能量。如果不存在"精神"（l'esprit）和"物质"（la matière）这两个如此分离的实体，事实上我们便没有这些运作的问题：一方面是精神的，另一方面是物质的，通过从一个到另一个不停地进行着转换和交互运动。"精神"（esprit）的领会，正如"酒的醇剂"（esprit）：变得清晰化、细腻化和气态化，直到感知不到为止。（此外在欧洲，为什么我们区分 esprit 的这两个含义，一方面是物质，另一个方面是宗教的和哲学的？）这同一个能量凝聚、浓缩，并形成可触知的物体：这个实在的物体是固化的（身体的阻光性的来源：阴的运动）；或者更确切地说，同时相互关联、融合、呼应，给予生气，进而形成"精神"（正如交流的和调节的能力：阳的运动）。这两者始终不可分离，并共同合作来达成所有真实的实现：构成山峦起伏的能量和对风水的观察，以及在人体内部传送生命跳动的针灸领域，都命名以相同的

八、或通过有形的事物来"传神"

术语:脉。

那么开始启动通道,首先慢慢揭示那些也许还未被理解的:中国最早关于风景画的文本并没有说到"美"。我倒是要问:为什么他们需要"美",而美对他们而言是一个关键吗?如果没有感性和精神在原则上的分离,为什么必须介入美来自作为它们之间的调解,以便将一个与另一个紧紧相连:使得精神穿透感性物质的核心,作为开启感性朝向理念之别处的通道?通过山与水之间的张力,风景产生出——"供给"(offre)——精神的"基底"(fond)。用中文来讲,拥有使其清晰和畅通,并使其分流的这个唯一的确定,即"生气"(l'énergie animante)就足够了。它按照极性的规则在其中展开:同时集中在山侧的不透明以及峰顶和急流的激越中;或者发散在远方朦胧的雾气与近处的模糊迷茫中,并以其轮廓向无限敞开。山,如同龙一样的形态,向我们描绘其自身就是能量的凝聚。它耸立和收拢,倾斜和弯曲,将停滞混入跃动,粗重的和锋利的,岩石和茂草……"山之得体也以位",同时"山之荐灵也以神","山之变幻也以化","山之蒙养也以仁","山之纵横也以动",等等(石涛:**《画语录》**,第18章)。

石涛说道,"山无穷"是来自"天"(Ciel/nature)之"任"(fonction)。我们刚开始阅读这一段落,就有一些事物很快地开始抗拒我们。然而我们能说什么呢?我经常带着一种很难消除的不安重读这页(此外,李克曼几乎没有评注这最后一章),

或者更确切地说，无法忽视这种不安：我们只在这里看到拟人化——对我们来说显得夸张。（一些"东方的"矫饰？）既非山所显露出的精神只来自于一种神秘主义的结合（通过摒弃特性原则和自我存有标志）；也非只是通过人类情感和风景禀赋的转换而得的暗喻。而正是在这里，我们从此远离黑格尔，是他在这个意义上迈出了第一步。黑格尔所言的"本然之美"（beauté naturelle）实际上来自"它在我们的内在中激起某种状态，令灵魂处于和谐之中"[25]。虽然为了不再让精神与自然分离，黑格尔才触及风景，来重构精神的概念，然而他却也并未忽视关于投射的构想，以及对于"协调"的浪漫主义的"同感"（sympathie）："美"于是作为回响，处于主体内部的外部景象的位置；或者说，它产生于在主体与客体之间运作的另一个结合和调解之中，然而黑格尔对此的反对立场却也并未消失不见。而在中国古代绘画艺术中，相反的"精神的"或者"生活"则绝不从风景中"出借"（prêté）：我已经说过，而是从它自身的张力出发，解放出来，并得到活力。这些张力运用绘画之笔，在画迹中现实化生命的能量。[26]

在这些绘画艺术中，我们通常也会找到一个与美处于同一位置上的概念，然而它却没有变成霸权和断言，可以将其逐字地译为"神采"（coloration spirituelle）。它尤其表达了感性"散发"或者精神"传递"（传神）的方式，以及如何经由这个感性来实现穿

八、或通过有形的事物来"传神"

越和延展。此外我们也不要忘记,在它的起源处,这一概念首先被用于表现一个人高贵而淡然的"气度"(l'air)。它最少限度地展示外表,从所有方面抽离出来,令材质和内部高贵之处——如此取之不尽的底蕴——得以显现。[27] 或者还如中国最古老的表达之一,"风"(与精神构成二元结构:风-景)。它发生在树叶直到草丛间,赋予所有风景以生气,却不为人觉察。在画作中,尤其是雾气和淡云,通过赋予形象以"神采"[28],而使事物的物质性和固态性变得更为清晰。或者它还表现为龙微微摆动的身体,在云际隐约显现,或者赋予画笔以激越的生气,使得它经过的痕迹富有表现力[29]。这一术语总是表达出不透明的融和,不可见的发散,使得感性的表现像彩虹出现在天际:它没有(粗俗的)炫目耀眼的亮度,不是表面炫耀却迅速枯竭的热火朝天-激动人心[30];它以发散的方式让自我流露出赋予事物以生气的底蕴,不限制、不确定。

这就是为什么在这个绘画艺术中我们读到:"作画形易而神难"(袁文[31])。形者"具形体也",神者"神采也"。"凡人之形体,学画者往往皆能,至于神采,自非胸中过人,有不能为者"。即便描绘马和花的画作,有"载以形"的,也有"载以神"的;有"满足于描绘出形的",也有"满足于描绘出神"的。还必须明确指出,并且直到现在我还经常提出的是,我们在这里通过有形的和可触知的"现实化"(actualisation)所理解的"形":它通过

"气"来构成,并在事物到来的过程中实现它的活力;而不是作为模型的、理念的、范式的(本体论的)形。正是以这个形为基础,希腊人构建起美。

九、美自形而来

观看达芬奇的素描习作,事实上当我们看到铅笔是如何一点点通过不断的尝试来寻找形式,如何充分变换各种可能,长时间地勾勒一条完满的线,并最终停在一个正好的、恰当的、确定的形式上,好像它突然必须如此,并且重新处理也将不是问题。我们明白了希腊人如此早的,正如对美一样,成功定义了形式(la forme);此外,他们在最终的、完美的形式的产生中,看到了进入所有事物的通道:绝对性被突然化为具象——好像它只能来自别处,并先于所有尝试而存在;也好像在这么多的精心准备后,铅笔正好准确地,在它的轨迹中捕捉到一样。这一突然介入的精密,将多少之前的犹豫抛在身后……它是最终唯一的真实。在这轻微的不同之中,铅笔的一动,在接下来,在最后,也在最大程度上,一道裂痕就此敞开。

达芬奇落笔得到的这个形式不再只是在它的感性方面,在它的大小、比例、弧线或延长线上的最佳状态上令人满意，而是它突然产生的不可逾越的完美令人满足。事实上，它完全翻转进入了另一个"领域"（domaine）。在那里，一个质的飞跃从可完善的无限中解脱出来，令其出现，打破与之前初步探索的，真实性的不容置疑的牵连。这个真实性，按照暗喻的说法，令希腊人"着迷"（éblouit）——然而是在哪一点上涉及暗喻，而且我们如何加以避免？如何表述那些通过其清晰度，带着所有的近似性，因而在其中相对地显露出奇特性的，突然生硬地凸显出来的，并可以更好地称之为"完美"（idéal）的事物？这个制造了美的理想形式从不再是经验论的必要性中解脱出来，并且减弱不一致性突然出现的，作为阴影或倒影的所有其他尝试的可能性，并由其"光亮"（clarté）烘托而出。它不再生成变化，而只扎根在存有之中。直到它在这个脆弱肉体的素描中，触及那个为希腊人命名的"永恒"（éternité）。本体论的所有工具，一下子，变得合理起来。

在这里，美突然使自己区分出来。我们一般说"真美"，或者更确切地，我们不能再不将其说出口，不能再不呐喊出来，感性与理解力完全合并在一起，一个准确无误地印证另一个，两个图景从此对准看齐。在这个感性的形式中，正如通过一个缺口，理解力的另一边离开它的苍穹显示出来。美的形式突然重新获得的只有一个事物——一个特殊的"事物"，无关紧要的，并且完全模糊不清，好像这些事物是不加区分的——却"存有"（est）一个本质（essence）。它独处于连续不断的现实化的流动中，不停地转化和重新生成。美的形式终止（*arrêt*）：铅笔走出它漫长的探索，不能走向另一方。这个美的形式，于其自身，证明了形而上学的确切，并使得它的（具有二重性图景的）"假设"（hypothèse）得以孕育，而不是仿造。形而上学于是不再通过无视意义和歪曲生命（著名的苦行主义）并令希腊人深陷其中的二元论来对世界进行阐释，从而让我们付出如此高昂的代价，而是以准确的方式生成并体会这一经历：从这些艰苦而大胆的探索中，确定出一个形式，排除所有其他，最终从偶然性中走出，其合理性使它不被玷污，也不被莫须有地加以衡量。这就是为什么形而上学以本质的方式，而不是作为其他之中的主体，来对待美。希腊人（柏罗丁）已经为我们阐明了这个真理。

　　美的思想，在希腊，在一种形式的，同时也是本质－理念（essence-idée）的概念中得以发展。艺术家将其拿来作为模式，尝试符合这一概念。柏罗丁将其发展为一个主要论题，驳斥斯多葛学派认为美只是来源于正确的比例和各部分之间的匀称。柏罗丁认为，是在对形式－理念的唯一"参与"（participation）中，美才能存在，并且首先体现为身体之美（《九章集》，第一章，6）。丑，相反地，是"所有没有为形式和理性所控制的事物"：形式和理性组成一对，因为它们表达一个相同的，对来自超感性和非形式的一致性的要求。"所以形式相互接近，而且配合多重部分，将它们组合在一起，从中产生存在"（《九章集》，第一章，6）。我们回过头来评判，事物按照这个形式是美的，当它服从于那些我们在其中发现其精神的规则和"标准"时（canonique）：艺术家满足于根据他认为美的房子来"调整"（ajuster）在外部的房子。因为"如果我们不考虑石头"，只有当内部形式，形式－理念，"按照材料总量划分"并且"在这个多重性中显出它不可分的存有"时，房子的外部存有才是它自身。

　　自然之美也是如此。我们难道不在传统上以"形式"对抗"颜色"吗？或甚至一种单一颜色的美来自一个控制物质暗度的"外形"；并且通过一种作为"理性和形式"（《九章集》，第一章，6，3）的"无形的光线"的存在。从身体的所有部分，情欲是最接近，于是也是最美的。它焕发出最闪亮的光彩，并且不被玷污，"碰触于无形"。还有声音也是如此：有些声音很美，在它的数量和节拍上，就它们从属于形式的独立运动而言，其和谐的声音不属于感性。为了更好地将它抽离出来，我们一再坚定地发问："美，到底是什么？"的确不是在肉体中，柏罗丁回答道，"不是在血液中，也不是在月经中"，不是在每个人都不同的气色中，甚至不是在体型里。简单的轮廓同样需要区分这个美的内在形式、理解力的形式、形式－理念，因为（我们记得柏拉图所言）美是"无形的"（sans figure），美必然将形式从外部的、部分的、相对的中加以削减；它简单地"封闭"起发散的"物质"，从而制

九、美自形而来

造出美。

普遍意义上的艺术也是如此。在西方,柏罗丁是第一位思考并致力于美的艺术的人。他反对艺术只是对自然加以模仿的理念(柏拉图主义),并以确定的方式指出,艺术能够上升为"理性"(raisons/*logoi*)——自然本身来自并且在己拥有美(《九章集》,第五章,8,1)。然而艺术之美来自何处?柏罗丁回答,雕像很美,不是因为它是石头,而是通过艺术家在其精神中所看到并加以采用的形式(la *forme*)。他尽最大努力地来对此加以诠释,因为"艺术中的美位于非常上层的位置"(《九章集》,第五章,8,1);它越以在空间中延伸和表露的方式朝向物质,它便越衰弱。艺术因而是什么,如果按照这个变成矩阵的,并控制欧洲思想的图像,它是否只是一个刺激的,并具有戏剧性的较量,任由每个艺术家来以这个"不定形的"(amorphe)、不透光的、阴暗的和有耐性的物质,为纯粹的形式高奏凯歌,给这个晦暗的"团块"(masse)以光亮和透明?

于是,通过我们慢慢适应的连续构图,使得那个我们开始进入却并不能够一下就测量出的间距(在中国与希腊之间,我早已采取行动构建的面对面)一点点变得清晰。我们对于消除出现在"形式"这个概念中的含混不清说得已经太多。总之,是什么使得希腊的形式-理念与中国所构想的作为"形"(actualisation d'énergie)的形式产生对照?首先,后者完整并独立地单独存在于接待它的物质之外；同样，不是作为一个暂时构成的偶然，它是，一个，永恒而真实的存有（*est*）——所有形而上学的属性都适用于它。同样，正如美，在一个如此的"形式"（forme）的方面是绝对完整的。这个形式，反过来回报这个孤立的美，以自身复返于它。这里涉及希腊人的选择，或者我称其为一个皱褶（un *pli*）。它广泛地发展为学派之争，前者从此显得无足轻重，为希腊人从未走出其中所证实。即便亚里士多德不再相信与感性分离的形状的存在，他却并未停止对于形而上学的形式之地位的继续研究，正是它产生了存有：既不孕育，也不变质，而是将等同于孕育者自身传递给被孕育者。如此这般，经久不变（与"本质 [quiddité]"相混淆，《形而上学》，*Zéta*，3-8）。虽然没有任凭这样一个形式从个体中脱离，它却并不因此是个体的事物和保持一个理念的构成。同时，亚里士多德也认为，个体中现实的一切由这形式－理念所构成，它比由物质和形式所构成的个体本身更是直接化的实体。将其转化于艺术，首先是对希腊人而言具有典范价值的雕塑：当然是一个如此终极的形式，在被转入物质之前，表现在艺术家的灵魂之中，而灵魂被判定为雕塑的充分的动"因"（cause）。

希腊人首先教给我们的是：当注视一个雕塑，我们判断它很"美"时，我们想说的是思考它感性的形式，并意识到它并不就此而属于感性。形式将其从感性的扩散中分离出来，并且提升

九、美自形而来

到另一个层次（那个存有、永恒、理解力等等的层次）来限制感性，将其界定，将其遏制，正如凿子和轮廓线所做的，形式在此显露出感性对于理念的屈从，其本身即被限定和"定义"（确立边界 [horismos]）：理念确实是"形式"的所在。依照这一屈从，雕塑是美的，或者更准确地说，只有没有任何事物能够妨碍这个形状－理念的限制和界定时，它才是美的。"形式"也如此使得内在得以相通，正如奥古斯丁在拉丁文中所使用的种类（species）或者形式（forma），这两个来自形状－定义（理念的）和形状－轮廓（物质的）的标准，将美学的（造型的）意义与本体论的意义联结起来：一种令斯多葛学派错误地止步于前，需要各部分的和谐关系来构成；另一种以信息丰富和容易辨识为统合的准则。正是从两者之间，形式从感性固有的混乱中摆脱出来。这是因为"形式"使得一个与另一个相互流通，美从而能够通过形式，将感性与理解力联结起来，使得一个出现在另一个之中，并履行它的结构上的调解角色。

　　经典哲学依照这两个角度来得以发展——那里当然仍有"传统"，它举步维艰，尽管是在那儿我们重新发现了主体运作性的视点。一方面，将形式与"物质"相对，后者作为介入到美的判断中的干扰而被抛弃；另一方面，将形式与只作为外部和局部表现的"外形"（figure）区别开来。让我们重新回到将形式分为两个方面的康德哲学的分辨法（distinguos）（《美的分析》，第 10-17

节）：一方面，当感知的物质只提供乐趣或者"引诱"（attrait），通过有关的特性，存在于美的外部，美的判断便不会是"纯粹的"（pur），换言之非经验论的，而同时却通过它唯一的"形式"（forme），将美在普世的范畴内加以传播。另一方面，形状并不限制自己于外形：它超越外形，并延展到外形或者感知的"游戏"中（jeu），或者在空间，或者在时间（滑稽剧、舞蹈或音乐），不属于对于轮廓和线条的描画，而属于组合与构成；特别是，形式来制造和建构，作为精神的再现，作为将多种多样统一并联合在一起的原则，感知的原则，并符合模式化的活动和（与理解力相连的）想象力：它于是不再自我限制在其唯一的现象呈现中。同样，从形式中得到的满足，康德总结道，以一种或另一种方式，将美从感官的愉悦中有益地分离出来。

此外还有（康德最精心打造的观点）：如果我们想确保美的自主性（以及与美相连的艺术的自主性），美的目的性不会给予自身以一个主观的目的，它将美即刻放入（隶属于物质和知觉的）"令人愉悦"中（l'agréable）；也不能给予自身一个客观的目的，它暗示着一个概念和作为结果的认知的重要性，以及它与"善"（le bien）和完美的混合。为了从这个两选一中走出，并且思考自"没有目的的目的性"（une finalité sans fin）开始，就不再能够存有之物，康德再次回到形式的（formel）效能中：正如我们所知，美只能作为"目的性的形式"（forme de la finalité），如此摆

九、美自形而来

脱它所引发的从一方面到另一个方面的,令满足不可避免地再次堕入"利益"中的所有确定的目标。形式于是再次将美从一切阵线中拯救出来,将它重置于本质之中,甚至将其强制性地加以保护,远离所有的变质和混乱。形式将美孤立起来,并保持它是纯粹的(*pur*)。一个如此的"纯粹"(*pureté*),自希腊以来,确切地存在于美的原则之中。同样从它的客体的视点,美也必须保持自由,对康德而言,与其说是"附着的"(*adhérente*),不如说是"模糊的"(*vague*):对美而言,它必须从所有对它的限制中保持独立。本质保持完好,并在所有与他者的牵连中保持丝毫无损:康德认为,这些牵连来自吸引力的、影响力的、使用的、功能的,甚至是情感的范畴。通过形式(*forme*),美烦扰着世界,却不让自己牵累其中——甚至也许都不做停留;总之不融入于此。它在其中保持着陌生。

十、或描绘转化

希腊人曾如此向往"美的"(belle)形式凸显出来,超越感性和固有的"形而上学的"(métaphysique)的混杂与无法限定:形式,在通过它的精确性,成功地走出事物的近似性的中心,并且通过它一旦显现便经久不变的唯一的理解力为人接受的同时,充分地"存有"(étant)。然而通过令人眼花缭乱的,相反的形式对物质进行"包裹"(enveloppement),无法实现的目标又是什么?对于这个纯粹形式的抽象化,希腊人以不亚于厄洛斯附着在大地和肉体中的冲动,设想了这个理念的投影。如此战胜不透光的黑暗,艺术家最终紧抱在这个形式之中,身体为神所向往。柏罗丁:"菲迪亚斯(Phidias)创造了他的宙斯,没有任何感性层面的顾虑,而只考虑宙斯会以何种形象出现在我们的视线之中。"(《九章集》,第五章,8,1)还有那些在转瞬即逝间的最短暂的,或者更确切地说,不可能的姿态:向前冲,以投掷铁饼的竞技者，或者大教堂上日光闪烁的游戏，艺术在使其停留（使其永存）的同时赋予其"美"，正如麦达斯（Midas）以金子来创造。美，通过形式，以所有它所能触及的，创造一种本质；并且因为形式掌握除了感性物质之外的特质，我们可以将美抽离出来（isoler）。

我们现在来审视几乎约定俗成地（实体上地）命名的"实体"（réel, la chose）。由于无关于生成，故而它不再与不变质的存有有关，而是由元素的一致性在内部进行调节（气和理，中国最重要的二元结构），仿佛这个能量在不停地更新。我们通常所翻译的"形"于是不再是这个"聚"和"散"的短暂的现实化，从原发的未区分状态中显现出来，以期再次进入其中：摇摆于物化的凝固与生气的扩展之间；稠密化和清晰化之间；不透光与明晰之间——从此我们从一个到另一个阶段不再有麻烦，而只有转变（transitions）。不再是在一个方面具有物质的黑暗，而另一个方面则有与形状相称的永恒之光。这个能量的凝聚，如何并且从何处被孤立出来？它不是外在于世界的任何秩序的呈现。如果存在"一致性"（cohérence），在固有含义上，它将这个能量的聚集保持在一起，并通过阴与阳，将与人的本然和与山有关的元素之间的平衡，保持在展开的状态上。不能将它从空无中分离出来，如果只是通过思考，我们又如何能去除美，栖息于确定的存有之上的固有的和标准化的规则？在本体论之外，我们不再与自动构成的形式相遇，却只遭遇转化（trans-formation）的现象。

　　于是在中国，绘画通过展开和具体化被描绘的事物，令生成与调动的内部过程浮现而出，如此释放出其"精神"的纬度：不再予感性以品质，而是以能力；不再追求一个构造上的创造性（"对称"、比例，及其背后的几何学），而是互相作用，在其中通过"吸引与排斥"，一笔孕育出另一笔。不再强调对比和补充，而是让极性发挥作用（按照中国经典二元结构，更从技术角度：通过"体"来显现出"用"）。我在宋代文人（钱闻诗[32]）的著作中读到一句话，它全面地说明了以上论述："雨中的山或天气晴朗时的山，对于画家而言，都是容易描绘的。"（雨山晴山，画者易状。）事实上，所有以线条画出和做出标记的，被确定的和具有稳定性的，都是僵硬的和无趣的。"然而，晴天却将要下雨，或者下雨却将要放晴（放晴：霁，以这唯一的字表示雨过天晴）；夜晚身居雾中，（当）分散的重新聚拢，并且事物陷入混沌之中：浮现／潜入，在有／无之间——这才是难以描绘的。""易"／"难"在此表明一种渐进的程度。与其描绘泾渭分明的状态，既鲜明又对立，并且总有堕入陈套的危险：在雨中或者晴天，或者在正午强烈的光线中，中国画家更描绘变化：在消解与聚集"之间"（entre）；在使得事物明显地浮现与使得事物混合的沉入"之间"；在现实化的"有"（il y a）与回到未区分状态的"无"（il n'y a pas）之间。没有任何形式是稳定的，没有任何"理

十、或描绘转化

念"（*eidos*）被孤立出来；而在这个"持续变化的"（*en cours*）过程中，"美"在何处才能被抽离出来以表明某个本然的"存有"（être）？

这就是为什么中国画家不描绘一处呈现感知的风景，而是描绘所有风景在"地势"（configuration）中运动的"张力"（tension），那里蕴藏着一致性和活力的来源。石涛认为，必须衡量天与地，在衡量其中一个的高度与亮度的同时，也要衡量另一个的广度与密度，"以衡量变化（modifier-transformer）中的山与水的深不可测"（变化山川之不测，第八章）。一处风景从此不再是自然的一角，而是在自身内集中了所有对立－互补的游戏，由此达到它的最大限度，将世界引向扩展和更新。如果它只是作为墨色差异和笔触变化试图凸显和表达的转化过程的无穷尽资源，那么什么才是风景？"深入"（测）同样是固有动词：画家通过从画笔下浮现出的多变的构成，探索不停涌现的深不见底的资源。他不想从中获得感觉的或者创造性的（塞尚的印象派）的真理，也不想使得事物的厚度拥有一种和谐的和"美的"—— 质量——调性，因为美总是结果性的（*résultative*）：它是那么多的草图尝试，并在永恒中达到的最终和决定性状态的那个结果。然而，通过这个对造型的持续不断的孕育，石涛告诉我们，画家在其飞跃中感受到"生命"（vie）。

于是确实必须考虑到方式的不同：不是形式或颜色，而是

"笔和墨"组成的一对，它们的互补性重新孕育出极性。不是颜色、糊状的物质、具有厚度的材料，而是或多或少被稀释的墨，在明暗间变化，并以散开的方式任凭它在其间被吸收；不是通过素描而成为完美的被提炼的形式，而是笔头柔软，并不停地在一个或另一个方向上摆动的画笔，紧压或者抬起，跳动或者收拢，弯曲或者锐利，由"着腕"来引导使得画笔变得迟滞，或者由"悬腕"使其"飞舞"，并且再不会回到它所经过的轨迹。"变换和迂回"（évoluant et pivotant），不停地"改变"（modifiant）其运动过程以在其中更新它的活力和"继续"（continuer）变通。这画笔，在将要无可避免的"物质性"（matérialité）或者完全现实化并变得僵硬的"形式"中（不质不形[33]），逃离了颜色。

关于黄公望："他的水墨画和墨晕出色地捕捉到自然而然的转化过程"（痴翁设色，与墨色融洽为一，渲染烘托，妙夺化工）；或者倪瓒："稠密的与稀疏的交替"，"深暗的与稀释的更迭"，表现出"所有方面的变化"[34]（倪迂无惜墨称，画皆墨华淡沱，气韵自足）。或者还在于一个老练的画家与一个平庸的画家的区别，前者不局限于笔墨用法的实施，而是"懂得将一个转化为另一个"（皆极变化之妙），因此如果在每一处画家都花费精力并依照规则的话，我们却在过后只感知到一种"转化的布局"（这就是最确切地对画迹的描绘／行家知工于笔墨，而不知化其笔墨……凡画之作，功夫到处，处处为法）；我们因此达到"绘画的顶峰"³⁵（功成之后，但觉一片化机，是为极致）。自／在转化中的布局（*Dispositif* de／en *transformation*）很好地说明了文人画的独特性。我们一再讲到，文人画散发出"生命"的印记，不是美，而是我们必须不断地返回到"精神"³⁶（至其神明变化）的维度。

否则，我们将对石涛的这一必须逐字阅读的定义感到诧异：绘画是在"天下"（sous le ciel）或者世界上"变化－延续的伟大规则"（夫画，天下变通之大法也 [《画语录》，第三章]）。绘画，通过从第一笔基本元素开始就对事物进行无穷尽的"改变"，使得事物极度变换而毫不刻板的塑造成为可能；正如，返回这个原初的第一笔，将这个基底的构成"转化"（transformer）为以形象来表现孕育的崭新资源。"改变"（modification）与"转化"（transformation），两者组成一对（自一以分万，自万以治一。化一而成氤氲，天下之能事毕矣。出处同上，第六—七章）。画家，从俗常的困境中解脱出来，有能力"改变"；正如从晦涩不明的阻塞中摆脱出来，有能力"转化"（故至人不能不达，不能不明。达则变，明则化 [《画语录》，第十六章]）。或者还有：如果天赋予人这斩断原初混沌的第一笔，它不会就此赋予人需要复返自身加以发展的"改变"（天能授人以画，不能授人以变。人或弃法以伐功，人或离画以务变 [《画语录》，第十七章]）。《画语录》的译者（皮埃尔·李克曼）每一次都错误地以"创造"来翻译"改变"和"转化"³⁷。回到这个"创造"（la Création）的西方的再现，我们再次假设，在制造事物被限定的形式，并且其多样性作为结果产生世界之美的同时，我们从非存有过渡到存有；而我们在这里所描述的，那些作为世界运行或者画笔轨迹的中国人的持续不断的孕育过程，却通过交互更迭，使得所有开端的充分条件产生变化。

十一、多样性或变化度

然而确实在欧洲存在着另外一个阵营,不同于那个在所有"美"的事物中都看到一个理想形式的化身(柏拉图-柏罗丁)的阵营。它遵循事物的现象方面,不再为它们"假设"(supposer)后世界(l'arrière-monde),并将美拉下它形而上学的基座:美于是在表面充分发展;它在宽广度和差别度上延展,完全地致力于感性的呈现。它甚至将其复加:在此情况下通过"多样性"(variété)来自我限定。在展开感性的无数皱褶的同时,多样性与单一不变决裂:它不再依靠某些超验的标准,而是通过它所制造的唯一的内在差异。它吸引注视并将其保持在对于可见的暂停状态中,使其游移于不断更新的出现,在其中不停地感到惊奇。循着树叶的纹路或者草地上的绿色范围,我们不会对自然资源鬼斧神工的创造感到厌倦。

这个令人赞叹的资源确实取之不尽,并立刻为斯多葛学派吸取，甚至被当作论据。是他们最初发展了这个与形而上学相悖的，创造了世界和某些事件的现象学的研究角度。这个"多样性"（斯多葛拱廊颜色的多样性）的产生是为了克里西波斯（Chrysippe）与美的不可分离，并发展出最大量的形式与颜色。通过其广大的幅度，它显示了一个世界的全部。否则这个世界将只是通过相同事物的重复，一个被装满的平面，和一堆毫无生气的聚集。然而，如此一个关于差异的闪亮游戏难道没有为秋天绿色植被的不同调性增加更多颜色，一直到五颜六色的潘神之角（Pan，Cornutus）？在《西塞罗》中，由于这个农牧之神的大度，大地上的植物群呈现多种多样的形态，足以表明神的慷慨。

此外，在那个没有忽略发展的经典哲学领域，苏格兰经验论者不再通过提升形式的纯粹，而是通过在感性的中心建立一个公式来定义原初的美：在均匀性和多样性之间（哈奇森 [Hutcheson] [38]）；只以"令人愉悦"（agréable）之名来判别：在此，身体的均匀性是相同的，美随着多样性烘托出这一均匀性而起作用：一个和另一个通过其"准数学的"（quasi mathématique）组合来定义吸引力从何处来。从几何学的图形，我们已经认识到：只要比例在此还能够观察得到，美随着边和面的数量的增加而增加。我们重新来见证天地万物的美，它使人看到"与令人愉悦同样常规的多样的形态"（diversité aussi régulière qu'agréable），并直至宇宙的运行当中：如此多的天文学家能够致力于令人生厌的计算，

十一、多样性或变化度

并保持沉迷的状态。在地球上,"美得如此变化多端"(bellement deversifiée),只要随着地势起伏的倾斜度,光影"不同程度的变化"(degrés variés)去观察,已经足够。

然而我们却不能在意义的狂想和感性的闪耀中,被这个毫不动摇并反复重申的对于深入的不断探寻所欺骗。尽管它是感性的内部资源,并且在背景中不再假设有作为创造者的事物的存在,然而多样性依然保持在对于事物具有归属感的基座中:"某些事物"(quelque chose)确实有其固有的和确定的存有(一朵花或者一个人的身体)。在其中,多样形态随即显现,展开一个尽可能多的差异性的形式或颜色的幅度,并避免落入俗套。这意味着如果不再以形而上学的本质作为前提,甚至对那些不再诉求于后世(l'arrière-monde)的事物予以提升,那么这个世界所特有的并予以发展的多样性会丝毫不少地通过定义来对本质——换言之,那个"逻辑的"(logique)、统一的种类在此予以多样化的所在——加以暗示。再次得到证明:"逻辑"不是中性的,而是暗示着本体-逻辑(onto-logique)。鉴于此,多样性也作为从属的、特性的和质量的等级予以呈现;它只延伸到第二个品质:在提升专属性的同时,这个品质的增长与其他确定性留下的空缺以及不确定性成正比。然而这个多变性,正如它自身显示的那样,并没有就此与第一品质的持久性决裂。是这个品质确定了无可置疑的,并被置于原则之中的种类。

这就是我让"变化度"（variance）来进行对抗的原因所在。我所命名的这个变化度是事物的本质在其中消散的那个多样形态：当现象学家的研究再向前跨越一步，与"本质"（quiddité）相连的最后的绳索被割断——我们便开始启航，或者开始漂泊在本体论之外。我们猜想它通过中国绘画致力于"变化"（modification-transformation）的偏好来开发和探索；也正是在这一点上，它再一次与美分离。

凝视一座／这座山，或者更确切地说，以将这个中国人并不熟悉的，已经个体化的，并任由显出本质之轮廓的定冠词或者更不重要的不定冠词抽离出来作为开始。"山"（montagne）：如果在连续线条的背景上不再存在差异，我们还能给这个命名以怎样的相关性？因为对于这个中国最伟大的画家和理论家而言（郭熙，公元11世纪），"山"不再作为描述的框架，而是我刚刚提及的变化度（*variance*）。对郭熙而言（根据限制了概念的发展，将"字"与"事物"联结在一起的中国伟大的衔接理论），"山"不是本质，而是"名实"。关于"山"，事实上，这个文人只是要告诉我们："近看如此；远看（有所区别地）如此；再远一些看，还是（有所区别地）如此。"[39]（山，近看如此，远数里看又如此。）"这就是我们所说的山形（现实化的样貌）一步步变化"（所谓山形步步移也）。或者从正面看，如此；从侧面看，有所不同；从背面看，又有所不同："这就是我们所说的山形（现实化的样貌）由

十一、多样性或变化度

不同的面向所看到的样子。"(所谓山形面面看也。)结果,"如此一座山便同时具有十几或者上百座山的样貌。我们难道不应该对此给予关注吗?"(如此是一山而兼数十百山之形状,可得不悉乎)山自身的坚硬在此与其他任何无关,而只在于(山的)所有不同面向同时得以包容,并且保持平等的方式:山在其中的每一个可用资源(*disponibilité*)方面都丰富充实,并在其中函括所有(也包括对于智慧的表现力)。或者从另一个角度看"山":在春天和夏天看如此;在秋天和冬天看也如此(或者在早晨看如此,在晚上看也如此等等);"如此一座山同时兼顾了十几和上百座山的精神状态,我们能不加以探究吗?"(山春夏看如此,秋冬看又如此……山朝看如此,暮看又如此……如此是一山而兼数十百山之意态,可得不究乎?)

我在此尽可能接近原文翻译,以期句子迂回之时不期产生的间距没有被曲解的危险——然而多少次,我重新阅读,却仍不确定如何理解这个对单复数之间的排斥予以暂缓的"兼"(en même temps que)?我们当然可以对此不加考量(汉学家通常的做法)。然而我们也可以对那些突然将混沌不清抛在这里,接下来却会在其中发现资源的事物加以留意。我们于是应该自问:什么令我们合理的期待落空,是否可确认的只是这些面向的差异性不再作为多样性来理解,而后者暗示着本质的共同性(同一性)?在这里可以清楚地看到,含有(山的)元素的面向在自身并入及协调各种各样的情况，没有复数再列入单数之中，也没有种类不再遵守类别的等级。我们如何才能对此加以思考？而（在欧洲）抛弃"事物"（chose）同一性的基石，或者说将本体主义完全放在一边来思考，是如此的困难重重。

尽管如此，我们已经记住，科学自身的发展可以开始在这里通过迂回的方法加以阐释。我们知道对于现代物理学而言，它果断地走出了这个本体主义者的视点。以其称为"多－层级"（multi-échelle）或"多－分辨率"（multi-résolution）的概念为例：当我们再现一个图像时，不再以数据的分辨率（也为术语"像素"），而是同时给予所有分辨率以可能性，同时考虑所有层级，使得在分析一个图像时，这一再现（以"子波"[*]），正如它向我呈现的那样，也能提出最佳效果的图像压缩方法[40]。我不想过度使用这一印证，然而我相信，在中国画家－理论家的头脑和创作方式中，确实存在着如此一幅"压缩"（compression）图像：将所有可能的视点融入同一形貌中。从那时起，这一形貌的质地与内部处于变化中的过程有关，而不再是固着于既有的、构成本质的视点。在这一形貌中的其他视点随后"愉快地"（agréablement）——次要地——发展为多样形态。

同样，为了展开这个朝向山的内部变化的过程，郭熙不是从

---

[*] 译注：由莫莱（Morlet）、格罗斯曼（Grosmann）提出的概念。在数学上是一种由复数指数乘以高斯窗组成的小波，与人的感知相关，包括视觉与听觉。

十一、多样性或变化度

山的基本特性("分辨率")开始,而是先塑造它的对立物[41]:在东南方,地势很低,雨水将其冲刷和剥落,土壤贫瘠,水也不深等等……华山耸立,不是从大地表面,而是从它的脏腑;在西北方,土地却厚重而肥沃,水深而曲折,山峰连绵不绝等等……中部的嵩山从大地之腑拔地而起(东南之地极下,水潦之所归,以漱濯开露之所出,故其地薄,其水浅……华山垂溜……亦多出地上,而非出地中也……西北之地极高……故其地厚,其水深,其山多堆阜盘礴而连绵不断于千里之外……嵩少类者鲜尔,纵有峭拔者,亦多出地中而非地上也 [郭熙:《林泉高致》])。从这个趋向极端,并正好对立的事物开始(不要忘记"事物"在中文中也同样称为"东西"),郭熙展开同时包含山及使得它完满的多重面向:"巍然耸立""倨傲树立""以宽广之姿敞开""蹲踞""展开"等等[42](其行欲耸拔,欲偃蹇,欲轩豁,欲箕踞,欲盘礴)。以具有特征的方式,法文译者在这些限定语之间引入"即"(soit),"或者"(ou),交替地重构了一个恢复其自身排除性的、个体的多样形态[43]。然而如果郭熙在头脑中预想过把山作为一个"大物"来一一列举(山水,大物也),就必须明白"大"在这里意味着什么:大(*grand*)在此表明并存的幅度,一种形貌不再构成对另一种的损害,而是它们所具有的幅度一起创造出山的完整性——山同时(*à la fois*):巍然耸立,倨傲树立,以宽广之姿敞开等等。"大"在此拥有老子所言的"大方无隅",不局限于方的具有限制性的和排除性的形状（"方-方"：见于狭窄 - "小者" - 在这个方的限制的特性中；郭熙：《林泉高致》，第 41 节）；或者"大象""无形"。

对于水同样：这里没有水的本质；而是它处于变化当中的过程（"其行欲深静""欲柔滑""欲回环""欲肥腻""欲喷薄"……）使其拥有"勃勃生机"（vivante）。当相互烘托反差，打破单调而"美的"（belle）事物的多样形态展现在画家面前，他便不再冀求于取悦注视。世界对他而言不再是一个景象，即其中有着多种多样的手段和抓住新鲜事物的欲望，甚至在感性中心泛滥的丰富性也与上帝的意志和其无尽的仁慈相连，而是创造画家"精神上的"，或者说"道的"作品，不让山局限于任何"形式"，那总是有限的、褊狭的，确定的形式，凝固的、被束缚在它的特性上的形式。相反，"山"紧绷张力，在孕育强度的极点间获得生气，画笔勾勒出的轮廓线在不断变化中绵连不绝；通过处于变化当中的过程，事物的不透明性和物质性变得清晰，它完全任由"神"（dimension d'esprit）从这个团块中挣脱而出。

必须重复的是，山是"精神上的"（spirituelle）。因为与沿着迷人目光的徜徉，将差异加以并置的多样形态不同，它所出自其中的变化过程在排除对立两者的选择的同时，令我们从具象的排斥与生硬中摆脱出来。如果确实不是在它们的基底来达成"交流"（communiquer），将它们从排除中予以解脱，并且作为

十一、多样性或变化度

结果,将它们从不透明性和所有相对的形貌中加以释放,那么按照中国的理解,"神"(l'esprit)到底是什么?再在这里以我们所说的透视法为证:并非从一个唯一的中心出发,即从消失点、视平线和地平线中产生几何学的测定,来建构所有的视野(正如阿尔伯蒂[Alberti]想要的那个视觉金字塔状物的顶点)。郭熙告诉我们,必须结合相互补充的三个角度——山同时具有的"三远"(trois lointains)[44]:从山脚下举目望向山巅,这是"高远";在山前探向山后,这是"深远";在近山凝望远山,此为"平远"。如果这些纬度中的一个有误,山则是"表面的""近似的",或者"低的"。它不但不再是一个局部的视角,而且正如所描绘的,尤其是,它不再能够"从对面"(face)——向我们"走来"(venir)——展现那些我们不再疲于刻画细节的景色。同时,"以迂回"(de biais)——离我们"而去"(s'en aller)——相连并消散在朝向无穷的远处的迷茫中[45]。在按照显现和消失的两极来呼吸,并连接了"往"(aller)与"来"(venue),进与退的双重运动的近与远之间,风景在浮现的同时变得朦胧隐约:并不任由这些差异最终获得存有的形式,因其被限定而更美;而是从这些差异出发——密集地——交流互通,获得生气。

十二、质 / 价

的确,"存有"(être)也是密度的集中(un *intensif*)。以中国关于活力的观点来看,美之所以得到证明,在于它使"存有"更显著。当然多样性会将注视引向更多方面,甚至因此令人称赞,然而它并不足以履行它的使命。越是美的,则越是"存有"的,这是其合理性的基础所在。当一个人老去,骨架松懈、肉体弛坠、皮肤懈怠,一具身体便已经开始从"存有"中抽离出来,在越来越少的存有中倾覆,人们甚至对此毫无觉察。胸部是线条的增加,既不太丰满也不太消瘦,在相互呼应的同时相互分离。在画家的笔下,最终清晰出现的曲线在它所停留之处一下子反照出所有那些通过近似性得到不扎实的线条的尝试,并使得"存有"即刻充分起来:它填满(comble)自身,正如填满具有形象的事物。同样,当我们在五月底回到乡下,整理草地,修剪树丛,重新勾画透视图,使得在植被下隐藏的一切重新出现:形式越清晰地产生和显现,它便越是它(它便越存有)。柏罗丁将存有和美并置于一个公式之中:"美的丢失,也是存有的减少。"(《九章集》,第五章,8,9)

两者之间互为从属关系:"丧失存有的美焉在何处?丧失美的存有又在何方?"(《九章集》,第五章,8,9)。一个只有在与另一个的相称中才能显现出来。在此我们不要弄错:美是达到最充分程度的存有,而不是加附其上的一个属性。一个吸引另一个:"存有是一个令人激动的欲望的对象,因为它与美是同一的",而美自身便是"爱神厄洛斯的源头,因为它是存有"。希腊人在其中制造出这一强大的、无法磨灭的思想:"存有",除了是美的,绝不是他物;而美的,则完全是存有(être)。特别是,在"是美的"(美的存有)中,通过对主体属性的判定而来的存有与绝对的存有(万物存在的存有)相混合;希腊人从中获得神的喜悦:提升到美的同时,我制造存有并最终"触及"(柏拉图学派所用动词:aptein)到不朽。或者,通过对立面来验证:虚假的存有对应着虚假的美。

我们已经知道使得一个与另一个同一化的是形式(eidos)。正是形式使得存有将物质从给予它同一性和本质的无形式的不确定中脱离出来,而形式,它只作为支撑和力量:存有,是"与形式相连的存有",它是来自亚里士多德学派基底本身的命题,并以此建立经典本体论。(海德格尔也认为)它越被限定(越形式化),

美，这奇特的理念

它便越存有。同时，正是形式，给予了美：在为事物的流动画出限定的轮廓时，令美变得"清晰"与可被感知——在拉丁文中以两个词来描绘美：*formosus*（*speciosus*）。在这一点上，奥古斯丁对柏罗丁的观点又加以确认："使得存有是身体的，不是它的整个体积，而是它的形式。这一断言通过无可辩驳的论据加以证明：一具身体的形状越好越美，它则越多存有；一个体形越丑越畸形，它则越少存有。"（《论灵魂不朽》，8，13）

然而，正是从这里，中国画家改变方向，开启了一条全然不同的道路。当他们描绘风景的时候，他们说，在"有"和"无"之间"浮-沉"：他们赞美雾霭拖曳的形式，而雾霭使得形式模糊的同时将其扩展开来。关于董源的这幅画作，米芾认为，比其他所有都更为上品，"山峰时隐时现"（峰峦出没），"云雾时明时暗"（云雾显晦），或者还有河岸及小岛"时显时隐"（洲渚掩映）[46]。另外一幅画作："山的轮廓隐退和显现，树梢浮现或隐藏……[47]"（山骨隐显，林梢出没）与风景画的其他元素非常不同的是，薄雾（la brume）通过形式得以从其局限中摆脱出来，继而在"神采"（coloration spirituelle）上得到发展。不是形式越凸显越美，则越具有存有性，而是在分化的与未分化的，或者所突出的与所消失的两极之间，阴影与光线更迭交替，世界展现出它的完满：不是在它视觉的"辨别"中（distinction），那按照奥古斯丁的理论制造了美的所在，而是在活力动态的相互作用中；

十二、质／价

不是作为从最可见中显现出来的事物（l'ekphanestaton，通过它，柏拉图定义了美），而是作为事物在可见与不可见之间演变的过渡状态，开始从形式的局限中逃离出来，并且，向"神"的纬度（dimension d'esprit）喷薄而出。

这便是为什么中国画家，如我们所知，不画"存有的形式"（forme d'être）而画"转化"（trans-formation），不寻求描绘事物的本质，如果在桌子上只有杯子或者盘子（从夏尔丹到塞尚或者莫兰迪）：他不回答认知的重要疑问"什么"（quoi）（对"这是什么"或者本质的认知），而是从万物中，包括最粗大笨重的岩石，通过画笔轻盈的运动，赋予画作以生命的，由生生之气制造的张力释放出来。他将其从物化中摆脱出来；一个糟糕的画家任由画作毫无生气，而一个优秀的画家则使其保持在灵动的状态上：赋予令其现实化的能量之资。换言之，他使得画作"精"（subtilise），从它的晦暗不明中变得清晰起来。正是如此，我相信，我们能够通过石涛对画的定义，来阅读这个难以理解的用语，难以理解不在于它的中国术语，而是它强迫我们从我们的范畴中摆脱出来。将其逐字翻译如下："这就是为什么（从）画产生出由纤细－精妙渗入深不可测。"（……而快所以画，则精微之入，不可测矣。[石涛：《画语录》，第十五章]）让我们警惕立刻重新陷入在我们所料想的再现中寻找对等物，正如翻译出来的（皮埃尔·李克曼）："在这些前提条件中，画作可以穿入事物的本质,直到难以测量的深度。"⁴⁸ 不,在那里没有哲学(本体论)意义上的"本质",来自认知的、探索在不变和基本线条中的事物特性的本质:"穿入"本性的隐秘,按照画家所承袭的西方的旧梦。或者如果存在"本质"的话,是在完全另外的意义上,它是自然科学已经完全加以遮盖,并令我们遗忘的(然而却记录在中文术语中的"经"和"纬")炼丹术的过程:通过笔下发展变化的线条和晕开的墨色,进入最微妙的、"最精细的"(quintessencié)、最具有能量的阶段,如此向着"深不可测的"转化敞开。

因此当中国画家描绘山或水,树或人时,他在其中看到了什么?石涛在这些平行的程式中加以解读(《画语录》,第七章):

> 对于山的描绘,给予其精神性(画于山则灵之);
> 对于水的描绘,给予其运动(画于水则动之);
> 对于树的描绘,给予其生命(画于林则生之);
> 对于人的描绘,给予其超越(画于人则逸之)。

无论山、水、树、人,描绘风景的这些组成部分不是为了用退回到一个本质的方式来深入它们的本然,而是为了这样的方式,即它们中一些相应地对另一些具有价值,并烘托出一处风景的多种多样的维度:"精神的""运动的""生命的"("冲力的")、"超越的"(赋予"逸"的方式,"突出的""舒适的":

人的元素加入一个具有独特性和自由生气的笔法）。我用"价"（*valence*）来命名这种方式，以便每个组成部分之间开始一种具有典型性的关系，并且在面对其他部分时，提升它自身的价值。因为我们注意到，石涛在此并未说是画山或者画水，而是说"对于山"或者"对于水"（于山，于水）的描绘。"山"不是对象而是资源；与其说它是作为一个题材，不如说它展开了一个有待开发的效力区域：从一个或另一个出发，画家从能力中抽离（*dégage*, 我重新回到这个术语）出来。

正是通过差别，本质显现而出，在这点上希腊人毫不迟疑：差别使得辨别和用理性来思考成为可能（柏拉图[49]）；或者更确切地说，正是从差别下行到差别，直到下至"最大限度的差别"，我们才能够抓住每个事物（亚里士多德：《形而上学》，*Héta*, 2）的个体的存有。因为正是通过渐变的差别，它才能够走出物质的无差别，从只作为能量状态的，过渡到处于行动的，从而获得它的本质。"形式"，换言之，只以差别来建构。或者如果并非如此，正如怀疑论者所做的那样，质疑差别的存在，将所有都建构在平等的基础之上，我们便什么也做不到，既不能选择更喜欢的，也不能唾弃不喜欢的，所有都混淆在一起：亚里士多德嘲讽道，"人"将同样是"战船""神"或者"壁垒"，生活将变得难以维系下去，惩罚我们每一步都停顿不前。而中国思想既不否认差别，也不附着于它，或者将其物化：这个思想促使在差别之内溯源而上直至其未区分的基底（fond indifférencié），使得差别之间得以"相通"（庄子的道），差别的来自之源同时也是它的消亡之所。差别，换言之，是非常具有实效的，而不是表面的，它同时还使得自身的消失被隐约预见。同样，中国思想既不令差别紧缩在侧，也不将其排除在外；既不令其在实体中固化，也不令其丧失自身的味道；它不将差别置于存有之中，而是以"顺应"（au gré）加以安排。[50]

中国画家通过自己的实践来对其加以印证（方熏[51]）："当我们画云的时候，它不能看上去像水。当我们画水的时候，它不能看上去像云。"（画云不得似水，画水不得似云。）两者当然差别明显，而这一原理又是如此"精妙"，实践中的学徒不能对此予以忽略。"然而，一旦此原理被充分吸收"，评论继续写道，"我们将不再自问（这是）云还是水：画笔所到之处，如果'意'（l'incitation intérieur）认为（这 c'est un）是云，则（这）是云，如果认为（这）是水，则（这）是水。"（会得此理后，乃不问云耶水耶，笔之所至，意以为云则云矣，意以为水则水矣。）它们的差别不具有本质的地位，而是处于闲置状态：当然具有某方面的特异性，通过个体特征产生感性，然而却既非禁闭也非隔绝。另一方面，保持与差别相连，可以在通过辨别被感知紧紧拉住之前，我们的感受性得以循环流通。

与通过清晰化而使得美显现出来相比，对石涛而言（《画语

十二、质／价

录》，第十三章），正是通过回应这个 "受"（réceptive）的能力，使得他运用更原初的感受性。在这个阶段，他不只表现山的或者水的、风景不同组成部分的 "价"（la valence），而是领会它们之间的 "等价"（l'équivalence）。如此，山与水区别开来，然而两者之间却依然存在着相通和交流："海吞纳和喷薄，山倾斜与耸立"（海有吞吐，山有拱揖。两者好像在相互致意），它们通过韵律的更迭来交接和契合。山，连同 "连绵的峰峦和接连的峭壁"（山有层峦叠嶂），"陷入峡谷的山坡和深深的沟壑"（邃谷深崖）等等，如同（est comme），或者更确切地说，等同（vaut comme）"巨浪滔天的海的汹涌澎湃，同时吞纳和喷薄"（犹如海之洪流，海之吞吐）："昭显大海的灵魂"并非在此（此非海之荐灵），然而 "山却因此能够与海重合在一起"（亦山之自居于海也），并且重新裁剪它的容量。海也一样可以 "与山重叠在一起"（海亦能自居于山也），并且来转换它们的线条：如此，它从 "巨浪和其所涵盖的幅度"（海之汪洋，海之含泓），"从它狂野的咆哮、它的海市蜃楼、它跳跃的鲸鱼和描摹的龙"（海之激笑，海之蜃楼雉气，海之鲸跃龙腾），直到 "它如同山峰一样高耸的浪潮，它如同山巅一样的潮汐"（海潮如峰，海汐如岭）。想要达到这一感知，只能经由一个或者另一个的、海的或者山的视点而来，它们之间的排他性 "将使其感受性受到损害"（若得之于海，失之于山，得之于山，失之于海，是人妄受之也）。

石涛骄傲地声称，他本人懂得以"山即海和海即山"（山即海也，海即山也）的方式，对两者加以感受。在它们位于基底的等价（équivalence）中对其加以领会，在它们凝固的感知的上游，他赋予山来自海的隐喻，并赋予海来自山的隐喻（或者佩吉[Péguy]所言："……那浪之力量与麦之海洋……"——一个元素通过另一个得以领会）。隐喻没有（通过否认客体）否认差别，而是在将我们重新引向一个更原初的阶段的同时（在"客观性"之前），使其穿越。石涛没有如此说过："山，是海，并且海，是山。"就像皮埃尔·李克曼所翻译的那样[52]，因为如果这样它们的差别便无从辨认。此外还有（接下来）："山和海感受到我所感知的真实性"（他没有翻译出中文中"山海而知我受也"的"而"[53]，却重新完全堕入到欧洲的范畴）。而应该是："正是在这个山-海的模式中"，也就是说在海与山之间的等价中，我认识到，"正如我感受到"，那个在画作中捕获以赋予画中世界生生之气的所在，而不是探索存有，并通过美来赋予存有的更多价值。

十三、相似 / 余韵

当美不是产生于多样形态的自然客体时，至少在经典概念中，它是来自相似。哈奇森（或者狄德罗）也认为：这个"相对的美"（relative beauty）来自模仿。作品之美来自它顺应甚至与作为图像的模型相统一，通过加入或者推动这个自然的模仿活动而完成。强调这一点是老生常谈：即便一个作品的原型是丑，只要作品复制得精确，它便是美的。一张老人的面孔或者一座干枯的山峰，令人生厌的动物或者尸体，都是美的，因为它们被"很好地再现"（bien représentés）。模仿实际上抽离出一个真实，正如我们从亚里士多德那里学到的：通过分离在自然中结合于物质的物质"固有形式"（希腊人对其明确命名为 apeikazein，通过再现来制造形象），画家使客体的形式因凸显出来，并将特殊提升至普遍的地位，制造出抽象和认知。通过这简单的形式的转移，抽离出自然客体身上的形式，将其转移到艺术家所用的载体上，将本质凸显出来；同时也激发出辨识的乐趣：面对这个如此成功的模仿，我"震惊"（m'étonne）于在复制品中重新寻获原型的同时，"我学会"（j'apprends）更好地了解"它是什么"（ce qu'il est）。依然是那个希腊的"这是什么"（qu'est-ce que c'est）或者关于"本质"（la quiddité）的问题。

在希腊语境中，人类模仿活动的这一构想必须予以发展所基于的事实是，它被认为承担着一种更普遍的，完全不少于形而上学——总是形而上学——的选择。如果我们曾看到它与柏拉图哲学分离，认为艺术不满足于对自然客体的模仿，而是"回溯"（remontent）到理性，那个它来自之处，如此来填补事物的缺陷，那么柏罗丁则更认为此世的美只是"彼处"（là-bas）的纯粹的美的褪色图像——痕迹或者阴影（eidola）（《九章集》，第五章，8，8）。相似（ressemblance）的比率于是用来弥补（感性的／理解力的）分离的方面，通过其些减少的方式，以它的映像来重复前者一分为二的所在。"图像"（eikôn）于是以西方本体论的方式紧紧抓住一个复制的概念，它的命运从此便是保持两者的对抗——模型和拷贝：从这个到那个，存有是否有所损失，或者完全相反，本质从中收益？这个问题将我们放到了中国传统的对面：如何才能加以发展，并直至主导了古典时代绘画作为复制的这一概念？好好理解这个"直至"（jusqu'où）：如果它不是本体论的，那么它在对哪个基底发问，才能够使得这个输入的，并通过模仿而得的美的概念在中国立足并得以发展？否则正如我们所知，为中国所思考的世界不是以"存有"这个术语，而是以气（souffle-énergie）来加以建构。那么有什么其他构想已得到充分发展，并且正是它们制造了以美的标准提出的著名的"相似"的对应物和屏障？在欧洲，画家们自己，是否真的相信过它？

一本非常优秀的文集，《笔法记》（荆浩，公元10世纪），确切地给出对于这个"直至"的判断。在对话的开始，一位绘画初学者满意地认为，"只要做到充分相似，就能够获得真实性"："我们因而还有什么可担心的呢？"[54]（画者，华也，但贵似得真，岂此挠矣。）老画家回答他，必须懂得辨认"华"或者说外部表现与"实"的区别，否则我们能得到某些相似，却不能达到"塑造真实"（图真）。因为"相似"只有抛弃在事物中不断更新的气，才能够获得事物的形式。相反，使得画作具有"真实性"的（vérité/authenticité）是"物质性"（matérialité）与赋予它生气的"能量"，两者达到它们的极限。因为，如果气在外部呈现上传递着，然而却在图像的现象层面处于被舍弃状态的话。老画师告知我们，这是"图像之死"（像之死也）。不只相似只是表面的，他尤其提醒我们，图像同时是现象的（phénomène）——与中文同一个术语（象）。它因此并不作为对自然世界的复制来理解，而是与自然中的所有其他现象一样，可能"消亡"：当它失去贯穿和维持它生命的气。

与证明美相似,中国关于绘画的思考还在于导向一个与产生万事万物之生命的"气"相对立的固有特性:它称为内在的"韵"("résonance" interne,由"音"字派生出来;因而可以更好地翻译康定斯基[Kandinsky]所说的"形式必须通过内韵而被获得")。在韵与似(ressemblance)之间,正如两者在法语中,通过再回音或再复制(re- de l'écho cu de la duplication)得以平行地呈现出来,它们的间距也在交替中不断加深:一个是内部音律延长的反响,另一个是外部线条特性化的复制;前者以无数振动加以深入,后者却早已在表面处于干涸的状态。当一个将自己在现象的过程里展开时,另一个却困于被安排和支配的"创造"(faire)中。从"气韵"(énergie-résonance)而来的思考在中国产生出绘画的首要原则,不只在所有其他原则之上,而且在其之外,它不能通过指点或者应用而被获得:"气韵生动"(énergie-résonance:vie/engendrer-mouvement,谢赫,公元5世纪)。所有之后的理论家做的都只是修饰这一标准公式,并加以多样化,没有人试图对此提出质疑:事实上,这四个字难道没有成功地说出最本质的东西,那些我们从此以后只能加以沉思的法宝?从此开始,这个判断成为显而易见的道理:"达到(形式的)相似容易,达到(气)韵困难。"(形易韵难)

同时思考"韵"与"气"时,初学者和老画师之间所进行的对话将"韵"定义为"消除痕迹的同时,建立形式"(韵者,隐迹

立形 [55]）。绘画当然是一种造型的艺术，然而它却不应消失在形的限制中；它当然制造出可见的形，然而却只在作为不可见的气的形态时才具有价值。在这里，有两种形态的错误需要加以辨别。隶属于"有形"（l'*actualisé*）的：当不按照季节作画的时候，或者没有观察比例的大小，或者"桥没有和岸连在一起"，都是可以修改的笨拙之处；另一些，隶属于无形，然而却产生于前者的上游，如此，是无法弥补的：当气与韵不健全，造型在总体上是错误的，并且虽然有画笔的运动，结果却是"死的"（夫病有二。一曰无形，二曰有形。有形病者，花木不时，屋小人大，或树高于山，桥不登于岸，可度形之类也。是如此之病，尚可改图。无形之病，气韵俱泯，物象全乖，笔墨虽行，类同死物，以斯格拙，不可删修）[56]。

这就是我们所说的（笔墨的）痕迹使气成为化石——沉积的造型——它使得形状毫无活力，并导致作品的"死亡"（mort）。它还没有变得清晰，还处于晦暗之中，并没有令产生精神维度（神）的气自由通过。正是"消除了痕迹"，米芾如是说，活力或者自然的生气才使得"薄雾中的山峰高耸，并赋予岩石以色彩"（云峰石色，绝迹天机，笔思纵横，参于造化）[57]。反着说，正是通过"没有与痕迹紧密相连"，所以即便描画花的作品，我们也能够从中获得生命和运动；或者"形式的痕迹相似，却毫无生气"（方薰：和则神气生动，不则形迹宛然，画无生气 [58]）。石涛将其放入到这个平行的格式中：在"受"（réceptivité）的原初阶段，只有那个山－海等同物，我们在尚无可触形式的层面着手；接着，当我们应对在笔下具有形式的事物时，则必须令其"无迹"（sans trace）。于是不再有对抗或者抽象；手势的自发性产生线条，加入到世界运动过程的自发性中："墨不断变化，好似已经完成，而我们握着画笔，没有任何动作"（第十六章：受事则无形，治形则无迹。运墨如已成，操笔如无为）。

韵，于是并非如相似一样，来自外部，而是来自"间"（à travers：两扇门下，月光穿行而过）；它没有在形式的表面，或者在其轮廓中展开，而是在它多变的线条"间"（entre）[59]。（苏东坡）这个著名的比较可以有助于理解：看一幅文人画，好像检查一匹好马，必须成功抓住那个达到内在意指（l'incitation intérieure）和气的所在（观士人画，如阅天下马，取其意气所到）。只有画匠才令马鞭、毛皮、食槽，直到草料清晰可见，完全没有气来使得战马具有勃勃生机，人们对此早已厌烦（乃若画工，往往只取鞭策皮毛，槽枥刍秣而已，无一点俊发气，看数尺许便倦）。然而，一个评论家（还是方熏[60]）后来写道，从这一图像中，我们能够推断出：首先，在这幅画中起关键作用的，的确不在于这些属性特征或者物质元素，比如马鞭或者毛皮；然而同时，如果我们将其忽略，则"将完全看不到是马"。结果：战马所具有的蓬勃之气只能处于所有这些具体方面之"间"，而不被物化,包括毛皮和马鞭。于是正是在这个"间",正如气的振动,"被传送"(se transmet)的韵自由通过(以马喻,固不在鞭策皮毛也。然舍鞭策皮毛,并无马矣。所谓俊发之气,莫非鞭策皮毛之间耳)。

我们也可以确切地对相似(ressemblance)做出我们已对"差别"(différence)做出的那些解读。中国画家既不对其附着,也不将其隔离。他既不使其处于存有之中,也不放弃这些资源。按照苏东坡著名的说法,如果说从相似的观点来端详一幅画作"近似幼稚"(看画以形似,见与儿童邻),那么从事物的形式中加以借鉴却也能滋养作品。据说在散步途中,当黄公望发现一棵古树或者一块奇特的岩石,他从袋中掏出画笔,加以勾画。"然而当我们观察他留下的画作,我们看不到扭曲的树枝和怪异的岩石"[61](人谓道人行吟,每见古树奇石,即囊笔图之。然观其平生所作,无虬枝怪石,盖取其意而略其迹)。画家既不纠缠于主题以复制其形式,也不对主题能够给予他的那些形式的处于变化当中的过程(la *variance*)加以蔑视:直至在那些最奇特的形式中,他探索出气能够穿越感性的实体而通行,从而达到最极限效果的方法,他如此来丰富自己对于形式的汇编。这就是我们所称的"似不像"(sembler sans ressembler)。这一相似摆脱模仿的限制,处于可自由利用的状态,并以"顺应"(au gré)的方式加以拓展,我将称其为"似"(la semblance)。

美，这奇特的理念

　　如何理解来自那个老画师和初学者对话中的绘画的"真实"（vérité）？它不是经由形式的一致性而得到的真实，也不是好似后来欧洲画家所做的那样，通过客体感知的解构或重构，而是通过视觉的明晰化（décantation）。郭熙：想要学画竹子的人拿着一枝竹子，在一个有月光的夜晚，他对着竹子反射在白墙上的影子凝视沉思，"竹子真实的形式就这样显现出来"[52]（则竹之真形出矣）。他甚而将其发展到更大的程度上：一处来自"真实风景"（un paysage véritable）的峡谷，从远处凝望它，我们达到它的"深度"（le profondeur）；在近处，我们得到它的"表象"（superficialité），两者相互补充：重新将风景赋予多重分辨率（multi-résolution）的同时，它们将穿越而过的气氛释放出来。或者一处真实风景的峭壁，从远处凝望它，我们达到其"富于生气的张力"（la tension animante）；在近处观察，我们得到的是"物质性"（matérialité），两者组成一对，来产生其"真实"（la vérité，出处同上：真山水之峡谷远望取其势，近看之以取其质）。从它对于一个与另一个面向的协调，从它将所有面向并入自身，这一风景不让破裂产生。而从这个破裂出发，绘画的运作则将是复制（doubler）这个世界（画作的所有处理看上去都是为了挫败这个模仿的关系）。它于是刻画它的真实，不以再现的方式，而是"浸入"（imprégnation）的能力——我们"沉浸"（baingnons）在这一风景中。正如郭熙之前所述："一个才华横溢的画家所掌握的，从其双手中大量涌现出来:他无须从房中走出,也不必离开他的座位,他坐着,能够就在这里既探测泉水和山谷;也能隐约听到猴子的嘶吼和鸟的鸣叫……"[63](烟霞之侣,梦寐在焉,耳目断绝,今得妙手郁然出之,不下堂筵,坐穷泉壑,猿声鸟啼依约在耳。)在这一风景中,"真实"是气氛的,如果这一术语不太无力的话,或者现在由我们坚持来支撑它;它来自发散与不可言喻的范畴,或者,我说,是来自"孕含"(prégnance)。

十四、临在 / 孕含

从美的所在,这个希腊人(柏拉图)将美抽离出来。他认为只需要发展那些语言以逻辑的方式叙述的事物,因为事物"由"(*par*)"美"(le beau)而是"美的"(belle)(《大西庇亚篇》的开篇,也同样是哲学开端)。接着,他再向前迈进一步,将本质中的实体单独提升出来(其成熟著作《高尔吉亚篇》497 e 与《斐多篇》),而这是由他跨越的关键性一步。在其中他阐明这"由"(par)的属性:事物由美的"临在"(présence)而美,从此拥有一个独立存在的美。反过来,通过出现于存有和事物的"近旁"(auprès),并对于存有和事物是"在场的"(présente,拉丁文为 prae-esse)来赋予它们以美。的确,美在它们中,然而这个内在性却并未就此将美与其混淆起来,而使得美失去自身的本然:暂时进入其具有资质的场域(这个"暂时"甚至限定这个"在场"[le présent]),这里产生"参与"(participation)和"联合"

(communion)的可能性，然而却是来自一个他方，并有可能缺席（absent）。一切"临在"都在"缺席"的基础上被领会。苏格拉底让我们不再追问为什么根据这两个相对的理论，美存在于颜色和形状中（chrôma-schema），而让我们坚持这个在普遍性中不可能遭质疑的唯一内在原因是："事物的美，不产生于任何其他地方，而只由美的临在所产生。"（《斐多篇》，100 c-e）规则一下子就制定出来：西方哲学将是一个"临在"的哲学，产生于其形而上学的一分为二。也就是说，产生于以本体论的方式被分离的事物的来这里、在旁边和于近处。跨越这一步直到极限，将美提升到绝对高度的同时，使"临在"神圣化：美于是成为美的启示或如耶稣复活再临人间（parousie），令纯粹——存有、永恒——即刻出现在感性的"近旁"（auprès）。

在《斐多篇》中，对于给出如此简单和意义明确因而少有争议的解答，苏格拉底感到震惊——假装震惊？我们似乎又回到老生常谈的庸俗乏味；难以脱离环环相套的逻辑：事物通过美的临在而美——还有比这个更简单的吗？或者说是如此简单吗？仿佛这一解释只是为了阐明而已；这些出现在最近处以阐明直接性的术语——"临在"（présence）或者"在场"（présent）——不再能被我们真正抓住来加以解读，并成功地掩盖它们离到达这个直接性和巨大断裂的距离还有多远。通过形而上学，这个断裂被隐藏起来，而又是美，再一次作为其具有优先权的练习之地。怎么能忽略这个美的"临在"在如此大的程度上对于事物的现象性构成猛烈的入侵？柏罗丁不畏惧地对此加以赞叹。什么是令身体为"美"（beaux）的"临在于身体"（présente aux corps，《九章集》，I，6，1-3）？他认为那是一束"无形的光"之所在（lumière incorporelle），是形式和来自他处的理性，来控制物质的"黑暗"（l'obscurité），只要后者想屈服于它。

于是轮到我们对于这个非震惊感到震惊：在欧洲，日常语言已经可以接受"美"是客体这个思想的强烈冲击，而不再有任何异议。我们如此平淡无奇地来用它说出一切，以至于似乎没有觉察出其中的任何牵连和进行的选择，正如狄德罗模仿其他人所做的那样：美只能作为"临在之所在"（ce dont la présence）来"给予美"（rend beau）[64]……为了从形而上学的皱褶中走出，有什么是狄德罗没能做到的？我无法想象（n'imagine pas）在古典时代的中国会出现这样的句子，来掩盖在靠近的亲密下深不可测的距离，或致力于恢复其予以削减的那些产生了形而上学辩证法的范畴。对于这个临在（présence），是让它来与"孕含"（prégnance）面对面的时候了：孕含是一种形态，它不孤立，却穿过、"渗透"（transpire）和"传递"（transmet），如同"韵"（résonance）一样，它来自"间"（l'entre）的范畴，明晰的同时，任其流动；它不聚焦，而是发散；不固定，而是产生交流，并且首先是文字的逐字逐句；它是厚重的（围栏）；对（产生悲剧所在的）临在与

十四、临在／孕含

缺席这一重要的二律背反造成障碍，因此也对（它反抗的理念的）明确与限定心存怀疑，并且不让自己加以辨别：因而与产生美的清楚可辨的特性相违背。

关于沈周的画作："在风雨中回到小船上"（然而最好用逐字逐句的方法——"风雨归舟"——来掌握其意，这样它就不会受到句法的影响，不会被建构）："他的笔墨艺术自由而随意；他画出（了），在风来临的同时，无数柳树的枝条（在）雨中，（然后）一个孤独的小船，（穿戴着）衣服和草帽：仿佛处于小岛的中央。"有人一边用手指出，一边向我发问："但是雨在哪里呢？"我回答："雨在那画的地方，也在那没画的地方。"（方薰：石翁"风雨归舟图"，笔法荒率，作迎风堤柳数条，远沙一抹，孤舟蓑笠，宛在中流。或指曰：雨在何处？仆曰：雨在画处，又在无画处。）[65] 雨完全没有被孤立起来，到处都是雨。无画（*non-peint*）不是形而上学的不可见，来自不可表现的范畴，而是它在此确实与一个现象有关：雨。雨不是封闭的，感知上的孤立：它弥漫与散布，在"有"与"无"之间。笔墨艺术在这里所说的（无拘束的）"自由和随意"意味着拒绝，拒绝限定在其处所和其自身存有里的每一个事物：风景"浸润"（*imprègne*）在雨中。

中文富含许多珍贵的表达法用于表达气氛或者孕含，正如当我们在雨天画一处风景；或者更确切地说，一个唯一的、孤立的概念总是难以理解，它由二元的构成来思考这个不可分辨的事物。比如，将"象"（image-phénomène）的概念与"气"（souffle-énergie）的概念结合在一起，如此阐明在造型和可触的领域如何能够以不可触同时无界限的方式来表现。在这同一个思想中，"气象"（souffle-figuration）结合了向无限展开的不可见的气和使它现实化的感性呈现——"ambiance"这个对于"气象"而言最契合的欧洲术语，在这里显得是如此贫乏和不足——即"著象"（"附着"[s'attacher] 和"紧贴"[coller] 在形象上）。关于风景画，唐志契[66]认为，我们不必运用约束的手法：这一方法使得线条蜷缩与收紧，结果致其形如瘫痪。历代杰出画家或者画"有"和"无"之间，或者在他们的画作中，弥漫的薄雾从山上升起，他们并不"附着"在形象塑造上，他们的画作没有消失在这些形迹（trace）之中（山水原是风流潇洒之事……不是拘挛用工之物……是以虎头之满壁沧洲，北苑之若有若无，潭阳之山蔚云起，南宫之点墨成烟云……迥出人表，皆毫不著象）。同样，当描画人的时候，要在其中"传神"，而如果画的是花鸟，则需要"写生"，当画的是风景，就要"留影"，而不是它可触知的形式：同样，当我们学习描绘一枝竹子，在有月光的夜晚，我们观察它映在墙上的影子……（昔人谓画人物是传神，画花鸟是写生，画山水是留影。然则影可工致描画乎）

也有另外的组合来说明（思考）这一丰富性："风流"（vent[s] et flot[s]）。思考一处风景不只在于它来自极性的张力结构："山 /

十四、临在/孕含

水";同时在于那些流动穿过的事物,并在其中保持循环,抑制其沦入限制与迟滞。石涛认为,这就是当我们以山－海的同等模式来体会风景,在被限制的上游,在每一次的落笔中,正如在每一次墨的流动中,一个如此的孕含显现出来(第十三章)。它是一个如此的二元结构,并抓住同样多的诗意:

> 不驻一词,
> 尽得风流。[67]

不"紧贴"和"附着"(驻)于单独一词,不局限于单独一个意义上:以完全的圆满状态,通过准则,任由自己沉浸在弥漫－发散(diffus-disséminé)以至于特别难以抓住的事物之中。将达到的,不再是确定的面向,作为孤立的"这个"(ceci)标示出事物的本然,而是本体论的偏见使得我们总是只能以贫乏的方式予以言说的所在(ce que)(而不再是"一个事物/客体"):不是一个在己(en-soi)的资质或属性,将事物封闭在自己的差别(和本质的基底)中,而是"含"(contenu)、"蓄"(enfoui)的所在,任由对象模糊不明,并使这个不可言明变得无穷无尽。与将美凸显出来相比,它更以连续不断的方式使"韵"得以扩散。而由形式所限定的美,以更醒目的方式吸引注视——正如使它具象化的裸体。

十五、裸体或美

正是在裸体中希腊人体会到了美。在肉体的欲望与裸露的羞耻之间,一个与另一个几乎相互抵消的同时,(在艺术中的)裸体单独孤立出来,而美正栖息其上。美不是一个在其他之中的存有,在创造了世界的不定结构中占有一席之地,而是从中解脱出来,以作为真正独特的运作之所。它不再是那个我们拍摄的,连贯或者震颤的,运动中(或甚而静止中)的身体;而是一具"停住的"(arrêté)身体,为了拍摄或绘画而产生:在"电影"(cinéma)中不可能有裸体,只有裸露的身体。结果是,它不再是逐渐消失的线条的短暂组合,并不停地自我更新,而是在所有尝试的可能性之间被净化的轮廓,而它的完美制造了限制。如果说它借取了一个所有个性都被抹去的个体存有的话,正是为了使它作为将要打造的形式的客观载体。它在感性的直接性中从最近处浮现出来,同时是模型化的特许之地,将肉体的感性颠覆在理

十五、裸体或美

想的形式中：一个裸体不是经验论的。在其身上，不足突然变成完备；裸露由此显示出来。我们难道没有顽固地不断回到它的身边，一个艺术接着另一个艺术：雕塑、绘画、摄影，甚至现代性也没能将它连根拔起，而总是以期重新以激烈的方式对美崭新的路途加以探索：西方通过表现裸体，来理解美。——在中国，人物绘画和雕塑如此广泛发展，却对裸体绕道而行[68]。

事实上，所有先前提到的间距都在关于裸体的论述中得到验证。(1) 在塑形中，我们令其变化（varier）姿势，甚至保持更长的时间，在工作室，在一个配有背带和缆绳的机械帮助下。(2) 裸体去个人化和去历史性；它将本质（essence）抽象化，正如笛卡尔主义的物理学为了"脱去"（dévêt）大块蜂蜡的次要特性，令其靠近火以观察"裸"——笛卡尔如此来观察裸体（tanquam nudam considero）——作为有形的实体（res extensa），裸体去除了属于时代或形势的次要线条，以回到在其普遍性中获得的"人的什么？"的问题。它与"本质"的确定性相适应。如果神话赋予裸体特权的话，是裸体使得神话更好地表达了美德或者客体（如果说卡诺瓦 [Canova] 塑造了裸体的拿破仑，那是因为要将战神的形象具体化；或者手里握着一个苹果的裸体造型，那是胜利的维纳斯：而一个"人"——一个内在性——只能被赋予穿上衣服的形象）。(3) 裸体被要求具有一种"相似性"（ressemblance）——啊，多么精准！——面对人类身体的形态，画家正如雕塑家，为解剖学所迷醉；相反，在这里，所有的"意"（内韵，résonance interne）都马上枯竭。最后是（4），裸体聚焦临在（présence），它甚至强行进入其中。以田园风景或者房间的地毯为证：它们不触及这个裸体，而只是一个放它的盒子；裸体挣脱出"所有的氛围"（toute ambiance）。去除私密，裸体暴露出来；通过这一最终完全显露的呈现，它打破事物的构造，制造一个事件；并且它的轮廓也变得模糊甚至变形——（勃纳尔 [Bonnard]）"浴缸中的（裸女）"或者（杜尚 [Duchamp]）"下楼梯的（裸女）"——一个裸体从不"孕含"（prégnant）。我们曾错误地认为，一个裸体将身体融入到自然当中，或者，正如我们说，"自然化"（naturalise）。事实正相反，它比让它穿上衣服分离得更远，更加孤立：裸体——就这样——独自一人。

在《克里提亚篇》（*Critias*）的于篇，柏拉图已经提出了裸体的例外性。在他的对话中，突然——非常少见地——让裸体进入风景之中，柏拉图推断说，"大地、山川、鲜花、森林、天空，作为一个整体"是完全不精准的客体，我们自我满足于画家对它们的不清晰的模仿；而对于我们所了解更多的人的身体，却完全是另外一种强求的态度。同样的论证做了些必要的修改（mutatis mutandis）出现在它在中国的出发地：与描摹"马和狗"，所有这些我们看得见的事物相比，刻画"精神或者鬼魂"，这些没有人看到过的东西更难（韩非：画孰最难者，犬马最难；孰最易，鬼魅

十五、裸体或美

最易。⁶⁹）。然而，请注意，在中文语境中，却不将人的身体来作为可见之物的范例。或者当它成为其中的一部分，价值判断将被引向颠覆。我们惊讶地发现中国文人的表达法如何精准地与柏拉图交叉——经验的素材当然是一样的——然而却是为了更好地分叉改道（苏东坡，公元 11 世纪⁷⁰）："关于人、动物、宫殿或者器皿，它们都具有一种不变的形式"（皆有常形），对他们刻画的最小的错误也能立刻发现。相反地，关于"高山、岩石、竹子、阴影、浪潮或者雾气"，它们自身不具有不变的形式，而只有"不变的"（constante）"内部的一致性"（cohérence interne）（"虽无常形而有常理"）。换言之，人的形象是贫乏的，并总是强加给他形式（此外需要注意的是，人在这个具有单一形式的列表中并没有单独划分出来）；然而山峦、岩石、树木、雾，甚至竹子，却并不指定它们的形式：它们，对于所有可能的形式，虚位以待——如同它们处于变化当中的过程——画家的笔下必须抓住的正是以如此变化多端的方式塑造它们的气的"理"（cohérence）。这就是为什么在中国，绘画非常早地就放弃了描绘固定形式的人物，而由风景来填补：而前者留给我们对于形式的首创（前不见顾、陆，后无来者……若论佛道人物，仕女牛毛，则近不及古；若论山水林石，花竹禽鱼，则古不及近）⁷¹。

的确，以柏拉图的角度，还远没有在裸体中看到来自细致观察的唯一客体，即艺术家将其纯化成"范式"（pardigme）的这个身体的弧线。柏拉图只是从这个肉体的团块中，抽出一个存有的理想形式。裸体从感性的人类身躯中摆脱出来，通过它来探索——并且推动——一个不再能够由经验的证明所支配的理解力：美的制造和模型化。因而，是由一个理论，而不是某个现实主义的或自然主义的工程，来证明裸体产生的正当性。苏格拉底问格鲁功（Glaucon）："你认为一个画家的成就不够高，是因为他在勾勒出人的最美典范，并且赋予其足够的一切后，却没有能力证明一个如此的人是存在的！"[72] 正如我们所知，特别是用几何学的工具，画家绘制出裸体，将"所有的一切都来自数目"的毕达哥拉斯学派理念转移到绘画对象的身上：所有的美都建立在算术-音乐的结构上，亚里士多德如是说。而为数不多的毕达哥拉斯学派追随者认为，这个定位为重获美的裸体的"研究"是数学推理和论证的主要目标[73]。裸体所具有的和谐之美并非就此简化为以肉眼感知的解剖学的规整性，而是对和弦和谐音的完美吸收，其准则是一个数字的"等式"关系，奥古斯丁所说的合并所有的不协调，并令其可以计量：这个和谐之美造就了维特鲁威式的（vitruvienne）人类形象，它同时处于圆与方之中，并在将所有人联系起来的对数学的认知中，以象征的方式将其塑造出来。

如果说裸体是美的载体，或者正是从它开始，美得以提升，那是因为美在其中更好地确保了属于它的调解的功能。我们再次指出：在可见的中心——那里是对于人本身最重要，或者确切而

十五、裸体或美

言,最根本性的所在——需加以维持否则会导致巨大分离的感性与理解力,它们的相互渗透在此显现出来,并甚至变得更可见。裸体是一个被损毁的人的最重要的调解者——正是在这里,我认为,是它真正的作用所在。裸体甚至更好地体现了美,它成功地将希腊人所发展的两个对立选项结合于自身:(柏拉图和柏罗丁的)那个成功地通过单一和模型化的形式得到的美,以及(在斯多葛学派传统中)那个来自各部分之间协调与均衡的美。如果这只是我们能从美中提出的综合提案,那么裸体到底是什么?

描绘或雕刻一个裸体,首先是理论产生后,以自身对精神进行感知的"形式-理念"(《九章集》,第一章,6,2)来对它加以"模塑"(mouler):这一形式不只以它的限制来"围困"(envelopper)物质流动的团块,而且还对此加以辨别(重新使用奥古斯丁的术语,distinctio),将其从这个围困中——不再只是一种装饰——最明确地分离出来,并得以突显。如此,一个裸体在不确定和不持久之外,将人的身体加以提升,使其达到存有,令人感动于肉体所具有的更多的脆弱性,没有任何遮盖,浅红的肉色更柔软,更纤细。我们端详这些伟大的裸体,这正是裸体所要实现的目标。完全暴露出身体的同时,裸体撕裂现象的连绵不绝的织物——并演变为帷幕——以期最终令藏在帷幕之后的被"看到";打破那个与发散的意义狂想曲的联系,裸体将一个固有的和确定的存有孤立起来,并使得临在的"全部在此"(tout est là）被即刻突显而出。一切（tout）终于被看见。在感性的内部，裸体令绝对（absolu）不再有任何缺失，不再留下任何欲望，并且在那里，人惊讶地发现自己的影像。面对（波提切利、达芬奇、普桑 [Poussin] 作品中的……）伟大的裸体，人制造了这个独有的经验，在其中的是他自己，正如启示录或者"耶稣再临"（parousie），令自我显现出来。柏罗丁心醉神迷的语言对于评论这些伟大的裸体并不过分。思考一个伟大的裸体，就是立刻进入到形而上学之中。

此外，在斯多葛派的一边，裸体回应了本体论的根本性问题：什么样的"存有"只是一个"局部"（partie）？它同时是一（une）和非一（non une）：一，我们认出它，而非一，因为它只有在与其他相连，或依附于其他时，才能自我存在。肢体的各部分各自都很美，同时如果它们从器官的联结中被抽象化，它们又不再是美的：（伯利克里特的标准）在一个手指与另一个手指之间，进而在所有手指和掌骨之间，然后是腕骨等等，也就是说，当一个部分自我孤立，它将失去其特别的价值，比如端详一只美丽的手，它属于身体，如果它与身体分离，则失去了它的优美。[74] 打造裸体实践了美的两种互补模式：经由自身予以美的同时，经由匹配予以美；由此我们可以练习两个相关联的操作，自希腊始，欧洲的理性在其基础之上被建立起来：解构成单个的构成元素，并重构为一个唯一的整体。"分析"和"综合"（柏拉图哲学的

diairesis 和 sunagôge；奥古斯丁的 discernere 和 conectere）：在我们"辨别出"每一个部分，直到身体最小的元素，来突显它自身存有的同时，我将它与其他"连接"（relie）起来，以使得总体的完整性得以突显。裸体就是这个练习。

勾勒一个裸体的人懂得，事实上正是在这里，一切都围绕着美的术语在运作着：身体的每部分被作为个体的资源来开发，同时它又被分解于令其被忽略的统一体中。塞内克（Sénèque）："我们赞美一位美女，不是赞扬她的腿或手臂，而是整体的美，我们对她的赞美并不停留在某一部分上。"[75] 奥古斯丁认为，正是在所有（Tout）之中的部分（parties）组成的整体（l'unité），既是美的准则，也是美的目的，如此将一些与另一些调和在一起。柏罗丁和斯多葛学派也认为："如果我们刮掉眉毛，身体几乎没有少任何东西，然而它又是少了很多！"[76] 如果说裸体在艺术中处于中心地位，那是因为正是从它身上，我们最强烈地感受到完全性的最少缺陷：它比其他任何事物都更具有令美从一切（Tout）中显现出来的能力。它比任何其他事物都更多地实践着这个双重运动：在多重的外部，统一体辐散展开的同时，汇合复返朝向作为"灵魂"的"一"（Un）（从奥古斯丁到海德格尔，这个连续性得以证实[77]）。对于裸体的研究，于是成为欧洲学校——自瓦萨里（Vasari）以来的"学院"（Académie）——美的教育的逻辑基础。

在中国，相反地，是从描摹岩石的绘画开始，那些旧课本教我们如何练习运用笔墨。一个裸体需要有一个它确定的形式，而一处岩石却纳入所有需要的形式。维持岩石的坚实或"不变"（常，constance），正如它本身的样子，不再是一个毫无生气的形式，而是一个具有一致性的凝聚体。不要忘记，据说岩石是"云之根"（racines de nuages），与从一处和另一处都只与气的不断更新有关一样，在一种情况下更分散，而在另一种情况下更聚集。此外，不再如一丝云彩，一块岩石没有分解成碎块——中国人不以部分－全部的术语来思考，或者以分析和综合，而是以"空"（vide）和"满"（plein）。正是使得空和满在笔墨形迹上相互交替，我们才能够不陷入僵化，而是深入挖掘，任由从一个部分到另一个部分传递生生之气：甚至岩石的团块也是未饱和的和不再昏暗的，继续令孕育的过程不断显现，而生气正产生于此。

这些绘画艺术告诫我们，画人物的时候，必须严密观察，重视不同的时代和情形下的不同衣着（自古衣冠之制，荐有变更，指事绘形，必分时代）[78]；同样必须致力于令人物融入自然：他应该"呼应"（réponde）风景，并且与其保持默契，风景也"呼应"（répondant）于他。"就好似人看着山，山同样倾身来望向他"（山水中人物全要与山水有顾盼，人似看山，山亦似俯而看人）。[79]"如果不是这样，山归于山，人归于人"（不尔则山自山，人自人）：那么风景在哪里呢？远非只是遮盖身体的一种形式（在古典时代的欧洲，在为裸体穿上衣服以前，我们记得，人们通过开始描绘

十五、裸体或美

裸体来更好地建构他们的形态），在皱褶和裙子的花边，直到腰带的起伏中，衣服使得内在气息和节律的循环提升并出现在表面。远未形成以确定的形式来进行自我建构，我们称为"身体"的所在，通过中国人视为气的聚集之地来被感知，而其所包裹的轮廓则是从属的（他们的兴趣很少在于解剖学，相反，他们将最大限度的注意力放于生气内部的循环往复）。或者当我们描绘人的面孔，需要表达的是"意"（l'incitation intérieur）：外形轮廓可以被忽略，然而下巴上的胡须或者眼角细小的皱纹却令"神"（la dimension d'esprit）自由穿过，通行无阻（颊上加三毛，觉神采殊胜，则此人意思，盖在须颊间也）[80]：纤细的，在可见的极限，刚刚能看清，传递着一股生生之气。这是否还与再现有关？

十六、"一个事物的美的再现"*

事实上，在古典时期的欧洲，有一个基本概念占据了主导地位，我们对它甚至毫不质疑：它属于我所称的理解的基底（*fond d'entente*），隶属于思想的同一个工具——哲学因而无法把握住它（需要与现代性的决裂来撼动它）。在那么多其他人之后，当需要来批判艺术作品时，康德想当然地对其加以重新探讨（在他第三个"批判"的结尾）："一个自然之美是一个'美的事物'（*belle chose*）；一个艺术之美是一个事物的'美的再现'（*belle représentation*）。"这就是值得探究的地方。再-现（*re-présenter*）立足于"临在"（拉丁文为 *praes-ens*）。"临在"本身又立足于"存有"（l'Être），通过艺术而再生（reproduction）。这正是环环相扣之处；或者当临在（la présence）不再明确时，这个"置于前"

---

* 译注：la "belle représentation d'une chose"，作者将定冠词放于引号之外，是将这一词组作为统一的整体概念来对待。

(poser devant，法语为 pré-sence）的"前"（pré）却保留了下来。这是相互连接的，即便我们有可能不再注意这些作为重要前提条件的事物，而接下来的一切却都由它产生；而它却在其中滑过，仿佛只是一个最小的载体，而且如此中性：在那里，是"在前面"（devant）的"事物"（chose/ding）在起着作用，也就是说，"在前面"被作为一个范例置于画作前，它是以稳定的、孤立的、可传送的，甚至最含混地加以命名的形式被建构的存有：一个作为艺术品的"事物"（chose），它既是艺术品，也是"事物"的存在。然而另一方面，它却只能是一件"复制品"（黑格尔所称的Verdoppelung），虽然它被如此地精工细作。"美"，于是作为一个必需的概念，所谓在运作中得到的成果，被树立起来。

因而，美是一个"再现"之事，这个再现将自身置于只显露一角的本体论巨大的基座之上：在这一假设之上，我们总是要跟"事物"（choses）打交道；总是某些事物（希腊人所说的 *ti*）的问题，以最不限定的，却是已经被终止的方式，给予一个客体稳定性（首先是一个宾格形式；不要忘记亚里士多德提出"说，就是说出"的非凡创举。说出，是说出"某些事物"。否则，话语会被损坏，变得毫无价值，被倾覆于人性之外[81]）。这个将"事物"带向"再现"的连续是如此紧密，以至于使其产生裂痕是如此困难。然而，正因如此，它给欧洲经典哲学带来了便利，使得我们最终能够从远处——通过间距，重新地，从外部中国——

将其阐明。事实是如此大量：在中文中没有用来表达"再现"的术语（象，image-phénomène，是指构形）。它是逻辑的，而中国思想没有在存有的皱褶中发展，而是以"道"（procès）的表现方式：它如何能思考我们所说的艺术品作为"存有"的再现？这个间距进一步深入（被证实）：古代中国也同样没有对于戏剧再现的构想。毫无疑问，在希腊，它是人类学的范畴。自其开始，模仿（mimèsis），这一哲学概念开始蓬勃发展起来。

对我来说更意味深长的是，欧洲的译者每次翻译时都重新引入与再现的联系，仿佛这是一个必要的接合处，然而其实却并不与任何相连——这里同样也是中国人没有提及之处，也就是说（为我们）留下一处需要赶快填补的空白。举例：我们翻译为"在家里，我有六幅李成（再现）雪景的画作"；或者"两幅非常古老的（再现）楼台亭阁的画作"，而米芾却只会说"（收）李成雪景六幅"；或者"两幅楼台"[82]。我们观察到，中国思想家不需要将画作作为一个人造物与世间的"某些事物"进行参照（référer）。"当古人描绘树木"，皮埃尔·李克曼翻译道，"他们通过三、五或者十个一组来再现，被描绘的事物，每一个都根据它自身的特性，拥有它们所有的面向。"[83] 然而石涛确切地说："当古人描绘树木，通过三，或者五，或者九，或者十，它们以在一个或另一个方面，或者阴，或者阳的方式，每一个都拥有自身的面向"（古人写树，或三株五株，九株十株，令其反正阴阳，各自

十六、"一个事物的美的再现"

面目，参差高下，生动有致）。我们当然可以再次认为，同类的添加物只是翻译中的一个适应方式而已；其目的只是为了方便：一个如此的"再现"在中文中是暗含的，而欧洲语言却需要通过明示来阐述暗含的关系。然而我要问：这难道不正是我们总是——奇怪地——让步给轻而易举得到的东西？难道不正是，让它立刻就进入虚位以待的概念的模子（"再现""描述""它的"本然面向……），从而将我们连接到另一种可能，要求我们从整体中分离出来进行思考——而这里提供的难道不是一个不可错失的机会吗？我们需要重新抽出这条线索，来思考躲在它背后的东西。

在欧洲，那些"在后面"（*derrière*）显出轮廓的事物，正是构建认知能力的方式。它出现在"再现"产生之前，而再现则介入两个层面并在两者之间建立联系：一方面，"再现"在艺术创作中建立起复制的精神与世界之间的联系；另一方面，在精神的内部，在上游，理念本身即为再现。康德从一个过渡到另一个：如果艺术品能作为"一个事物的美的再现"，它应该具有想象力所特有的再现的内在力量。康德称这些再现为"美学理念"（Idées esthétiques），它产生出那个超出所有被确定概念范畴的，并更多地思考没有任何论说能够加以表达的想象力。如此一来，所有人所认同的得到解读，而艺术总是比对它的解读本身来得更加丰富。从一级到另一级，"再现"是一个具有双重性的概念，所谓在维持艺术品与世界的关系（rapport）的同时，艺术家的贡献也体现在其创作中（归功于想象力使事物改变面貌的能力）：如此来体会，即我们所观察到的与我们的艺术概念一样古老，并曾是个难解之谜，我们才能够为一个丑的事物制造出一个美的再现。再现于是成为对于美的加以解释的概念。康德总结到："我们通常会将美（无论是自然之美，还是艺术之美）称作美学理念的表达。"

然而我们必须承认，康德在此不太令人信服；他似乎疲于通过实施强制，来隐藏这个在再现的单一支配下的所谓艺术活动。事实上，他以什么作为开始（《判断力批判》，第49段开头）？以他称为灵魂(Gemüt)的，完全不同于情感的、情绪的和感觉范畴的另外一个事物。他接着还从那些"没有灵魂"(ohne Geist：一首也许写得很好，并且很优美，但却"没有灵魂"的诗歌；或者一个女孩也许很美，有好的言谈举止，但却"没有灵魂"等等)的事物中，举出大量例证。他定义道，"在美学意义上"(au sens esthétique)，"灵魂"（或者"精神"Geist）指的是"赋予生命"(au sein du Gemüt) 的原则。接下来，不再有过渡，康德以断然确定的语气提出，除了这个他称为"'美学的'理念"的想象力的再现外，再不存在其他产生同样作用的原则。接着，他返回到其分类的基础——事实上，也是回到他自己的理论中：想象力的再现超出概念的范畴，将理念与理性相匹配。对于前者，是与概念，而非与想象力的再现相一致，对于后者，是想象力的再现与超验性的概念不相符合。

十六、"一个事物的美的再现"

在引介这个再现的图景时,或者更确切地说,为了引介它,康德没有进行更多的论证,便抛弃知觉和情感的面向,并在理解力的纯粹中突然改变方向(即便这个想象力的再现因此从概念的支配中摆脱出来):我们实际上重新处于认知之地,加入到它的权利的唯一游戏之中。从那里,产生问题:美的思想是否由于建立在再现的唯一图景上(美作为"一个事物的美的再现")而被孤立,它使得我们在与灵魂、感情、内在的情绪,以及作为中心的"赋予生命的"原则相割裂的同时,失去了对艺术作品的理解力?这个灵魂——我们非常了解,康德也同样——仍然继续寄居在作品的过程中,并是从一个部分到一个部分贯穿作品的状态,为什么会在"理念"的控制下令其埋没,任其消亡?

我提出这一问题,因为这正是中国思想没有按照美的结果性视角来思考,从而没有去做的事情:它不将内在动机——灵魂(Gemüt)——从形象塑造的权威中区别出来。中国思想中的概念("意"),认为两者不可分离,与"再现"在西方思想中一样,它也处于中国思想的核心:在被画笔捕捉到之前,"意"(l'incitation)促成着绘画,同时在艺术家的精神中处于"孕育"(conçu)状态。或再者,这样的画作所表达的"意义"(sens)可以与诗意相提并论。是什么使得一个与另一个相连,而不造成这个术语的意义的变化?一个(美的)再现的图景在此不会令"意图性"（intentionnalité）被孤立出来（如果它不太技术性的话，通过现象学上的注意力来变得接近，而不至于失去原初和没入过程的致密性）。还是通过这相同的"意"（《关于绘画中的意》），郭熙在同一页写道：在开始绘画前，必须在自身培养一种愉悦而平和的"情绪"（怡色阅世）（1）；而不是一种相反的、造成障碍的压抑的"感情"（执意）（2）；然后通过寂静无声的成熟过程以及属于其自身的实现能力，在艺术家的精神中进行"视觉化"呈现（它"在手中"被加以体会：巧手妙意）（3）；其相反于消沉的、使得画作失败的"精神状态"（意）（4）；最后是"生命力"（生意）（5）在画作中传递出来。这同一个术语，被如此多地重复并加以变化，却都在同样指出，要从有利于描摹形象却限制其范围的内在倾向中摆脱出来；（正如其他中国概念一样）它也没有切断与能量的联系。

在这里没有美的思想的位置，因为，从调动画家来实现作品的"意"中，没有产生断裂。而正是从这个断裂开始，作品处于与世界面对面的位置，从而建立一种再现的关系。我们知道，绘画（peindre）不是描绘（dépeindre），正如写作（écrire）不是描写（décrire）：描绘使得"在前面"（devant）被孤立出来，并将其构建在"客体"（objet）之中。因而，不论是充满激情地探索眼前的形式，以期将其再造出来，还是试图赋予其完美，都不会提供任何使得艺术家在他创作一个裸体的过程中将追求美作为目

十六、"一个事物的美的再现"

标的机会。相反,所有我们在这里说的都是,在飘忽不定的过程中,画家首先如何慢慢酝酿其造型对象的轮廓,不断思考在最千变万化的形式中,气得以不断更新的相关方式;然后,当他突然感觉到产生出的内在情绪与笔墨一同酝酿,作品便在即刻间得以完成——这里没有由"再现"填充的中介的位置:当他手握画笔,正如他们所说,"仿佛已经完成"[84](运墨如已成,操笔如无为)。"山谷事先存在于他的内心之中,而当他落笔,精神自然而然地很快到来"[85](先具胸中丘壑,落笔自然神速)。因此只需在他的内在情绪中没有任何阻碍,就足以令他的"心"(或他的"精神")到"腕"之间持续不断地将气加以传递。

这因而不是再现的能力,而是在上游,任由"空"(le vide)在画家自身产生出一种可自由运用的能力(*disponibilité*)。跟它既不可控,也不可通过努力获得,以及尽力突显"绘画艺术"的特性相比,这个自由运用的能力还具有更加"难以"(difficile)获得的特征。它是与我们的"灵感"(inspiration)有着相同价值的决定性能力——却不存在神话的一席之地(无论虚构与否,都没有与超验性的关系)。郭熙已经有言:他的"意"愉悦而平和、自由、纯粹和毫无束缚,"因此人的面部表情,微笑或者悲伤,同事物的特性一样,面向是如此的多种多样,自然而然地沉淀和排列在内心之中"(布列于心中;再一次地,西方译者总将其译为"再现"[86]);"在我们还没有对其加以描绘时,它已经出现在笔下"[87]（自然布列于心中，不觉见之于笔下）。石涛也同样，在连续的两章中对此再加论述："当人任由被事物遮盖，他与尘埃为伍；当人任由被事物使用，则精神陷入痛苦之中。"或者还有"当人们任其精神在画笔精细的运作中受苦，他自己也被摧毁；当人们任笔墨掩盖在尘埃中，自己也被束缚。"人"因此受限其中，只有失去，没有获得，并且最终，不能给予精神以灵活性"[88]（人为物蔽，则与尘交。人为物使，则心受劳。劳心于刻画而自毁，蔽尘于笔墨而自拘。此局隘人也，但损无益，终不快其心也）。没有任何真正的画作能够逾越这些规律。

"然而我"，石涛骄傲地表示，"任由事物被遮盖并跟随这些事物，任由尘埃与尘埃为伍；我的精神并不受苦，并且，因为它不受苦，所以有画在那里"（我则物随物蔽，尘随尘交，则心不劳，心不劳则有画矣）。从清除这个内部障碍而生发出的可自由运用的能力，使得画作自然而然地（*sponte sua*）诞生。画作接下来要求一个好的环境：靠近明亮的窗户，在一张干净的桌子上，点上一柱香，不允许任何打扰，精神同时放松和集中等等（凡落笔之日，必窗明几净，焚香左右，精笔妙墨，籈手涤砚，如见大宾，必神闲意定，然后为之）。[89]一旦训练了画家的接受能力，以及后天的勤奋，随着时间的推移，还有运用笔墨的能力，而正是这些即兴孕育出绘画轨迹的条件，它是决定性的，取代了以美的客观性为目标的再现工作；也正如此，它也是充分的。然而我们能因

十六、"一个事物的美的再现"

此坚守于此吗?如果这里没有以创造为目的的美的一席之地,一旦画作完成,我注视它,换言之,从我们所说的接收的视角,我难道不会不可避免地说出:"这很美?"

十七、"这很美"——除了"判断"还能做什么？

站在这些勾勒出阿尔诺（Arno）轮廓的山丘前，它们是微蓝色的，随着葡萄藤和橄榄树变化，直到粉红色的屋顶。事实上，我难道能不说出"这很美"吗？如果确实如此，这个庸常的说法甚至太司空见惯，由这句话，每个人轮番地不断重复——这个观光者的永恒话语，我能避免吗？我们难道没有在其中听出一个人类的愿望，甚至也许是唯一使得我们的人道主义复归的愿望？置入这个独一无二字眼的，难道不是对自我的低语，清晰地勾勒和辨认出那些呈现在自我面前并迅速满足我们目光的事物。"美"是"投射在视线前"的（jeté devant la vue）——和"充满视线"（plein la vue）的——对于从"对面投射"来的事物（objet）的全面赞同的修饰语。它是如此无法回避。或者同样在巴杰罗（Bargello）铜像的形状，或门徒们明亮的色彩和如此出色勾勒出的长袍，以及他们在布兰卡契（Brancacci）教堂中的姿态面

十七、"这很美"——除了"判断"还能做什么?

前。在他们面前我们辨别的同时评判"这真美"。除此之外,我们还能做什么?谁愿意放低这个如此具有代表性的认可的呼喊?它以全体一致的喧哗传播着不知其名却作为在大众中如此被认可的标志,被所有人脱口而出?如果站在郭熙画作中的瀑布、弯曲的松树和成群的山峦面前,我肯定也会以同样的方式表明一个判断(*formule un jugement*),会求助于同一个密码而不可避免地也说出"这真美"。

然而在说出"这真美"时,我做了什么呢?我当然要勾勒轮廓,同时辨别并加以突出,选定和进行推动,然而或许也因此,我将其进行包装,单独放置,并让它抽离而出。"美"如是获得认可并被贴上标签;于是我们可以如释重负。在这个"在前"(être devant)中,"美"切割、分离,想要占据上风。然而这个判断一旦做出,我们便从中解脱出来,正如当游客们拍照,四处游览,再轻松地登上巴士,去赴他们订立的美之约。我对"这真美"作为一个割断的便利方式心存怀疑,正如我们所说的,做一了结,然后离开。或许这正是与"再现"(re-présentation)相呼应的——不显而易见的——"临在"(prae-ens)的"在前"(être devant):深入这才华横溢的笔下浮现出来的人迹罕至的山丘,古中国在绘画艺术中提到,"我漫步于此,漂泊于此,'游'于此(重读郭熙此主题的第一页)。我经常流连于这些山水之中,被它们之间不尽的互动所渗透,在其中放松精神,忘记世俗并得以重生……我还远远地听到猴子的啼鸣和瀑布的一泻千里的声音……"如果说美的判断并没有参与其中的构成,那是因为胶片式的、坚实的、客观性的关系在这个"气氛"中并没有形成。美不可避免地与这个在世界面前的"在前"(devant)相连。这个"在前",被注视切割,呼唤立刻来加以辨识,停下来做出决定,并且给出判断,止步于世界,正如止步于一个裸体面前。

判断(juger)("这真美")是一个压缩的动词,它贯穿于欧洲思想并存在于从一种到另一种的语言中。在处于磐石般坚硬的戏剧性交替的术语之间进行决断,这就是司法的创立,它转换成精神的特殊能力。美或(ou)丑对应真或假,善或恶。然而对于美而言,判断(le jugement)作为"在"(en)和"对"(pour)其本身进行培养的能力,确是完全独特的。因为在美面前,柏罗丁认为,灵魂"作为智力言说",它发声(legei)并且"辨认和接受"(《九章集》,第一章,6,2 和 3),"因为没有什么比这个隶属于事物的,对事物做出判断的能力更至高无上"。事实上,这个权利被认为最至高无上,是因为它是自身做出决定的主人,并且只依靠自身来面对那些它致力于"决断"的事物。在背景中不可避免地延伸出欧洲所发展出的政治理想:"这真美"说出——确定——这个主体的霸权:当面对在它面前的世界时,表明其独立性;那些在此切割并辨认出"美"的所在,将美毫不含糊地保持在远处,并将其交付给一个"自我"(soi)的裁判。这个灵魂的权

十七、"这很美"——除了"判断"还能做什么?

利,柏罗丁继续说,如果只是一个来自内部定义的准则,它又将从何出发来做出判断?它之所以能"如此表态",是因为它与就在它自身的"理念"(eidos)相一致,是这个美的形式－理念,作为"为我们所用的一个准则"——"法规"——"来判断什么是正确的"(《九章集》,第一章,6,2和3)。从这个至高无上的"判断"中,产生出"批判"(critique)的功能,美在其中扮演着特殊的关键角色。欧洲的经典思想走不出美,也走不出判断。它在理念中坚守判断力,正如康德所言,"从判断固有的原则出发,在美的领域进行切割"(《判断力批判》,第50章);美作为这个判断力的固有客体显现出来。一个成长在另一个的空洞中:如果我们没有制造这个如此核心的"判断",我们将不会如此多地思考"美"。

再次重新阅读康德,我们发现第一句话就已说出了一切,而无需考虑它所提出的暗示以及这个"一切"所关联的指向。他用于开篇的话语不再是章节末尾所提及的有关艺术创造的内容,而是关于立刻就被定义的品味的判断,从第一个注释开始,作为对美进行评估的权利(《判断力批判》,第1章)。"来辨别某个事物是美的,还是丑的",康德以此开篇写道,"我们不会将再现与客体联系起来",然而却会"经由对主体的想象力来作为中介"。从此一切都固着在这个三角关系中:1.评估完全建立于这个"判断"的基础之上,毫不犹豫地对二选一进行决断,美或不美;2.再现,同时作为这一判断的独一无二的载体和代言人;3.运作的分离发生在主体与客体间,主体"正如它被再现所影响",以其"自身"(lui-même)感受美的判断。事实上,三者共同由"美"联结在一起,这使我们能够具有区分一种辨别的和判断的特殊能力。这不再是一种认知的决定性的判断,而是"思考性的"(réfléchissant)判断,是我们所知的康德在此领域最决定性的贡献。这一次它发生在没有概念的情况下,不再将已知的再现与客体相连,而是与主体得以感受的那个再现的唯一能力联结在一起;而它与"愉悦的"知觉的区别,从另一方面,逃离了再现的阶段。

在古典欧洲,美高居其上的概念的三脚架——主体、判断和再现——自从中国借用以来,一直存在于中国,并沿用至今而未被质疑。在这里,理论的全球化,正如一个压缩机的卷筒,穿行而过。他们如此锻造出,从西方翻译过来的这个"主观审美"(jugement subjectif du beau),并甚至将它使用在对石涛著作的翻译中,令人不堪卒读。[90] 同样,艺术的或者文学的"评论"(discours critique),也从此成为必须的概念。然而,与这个如此不易觉察的同化逆流而行,我必须再次发问:难道不正是在享誉西方的概念缺席的情况下,隐藏起来的一致性,不通过这个暗含的选择,能够反过来有力地阐明这些选择?这个"判断"的功能所依据的,正如它所构想的,是否与我们被放入其中的等级划分和按栏目及类别排列的中国的古老动词"品"相符合?不再说

十七、"这很美"——除了"判断"还能做什么?

出"这真美",而是代之以"上品""中品"或"下品"进行分类（classer，或者以更细致的划分方式,"上上""上中""中上""中中"等）；或者不再归入这个随后被要求进行自我多样化的共同的术语,"美"；而是按照相互间具有微妙差别的项目进行排列,组成系列,并保持平行关系。此外,在中国,我们今天所称的文学或者艺术评论产生于哪里?不是来自于"判断"的过程,而是官员的等级（分九品）。它出现于汉代,已经有两千年的历史,其后转用到对书法、绘画和诗歌的评价上。

从出自宫廷生活的,贵族文人间的诗歌故事、简短描写和格言中（在公元3世纪到公元5世纪,用来从尘世烦恼中得以解脱,被我们称为"清谈"）,我们看到后来发展为艺术评论的评价中,什么艺术方面得到了发展（《世说新语·品藻》）。我读了很久这个文集,我承认感到困惑并不知何解——从所有这些无关紧要的叙述中会有什么理论上的斩获?那么多的比较、分类和不同的等级,而没有从这些似乎没有什么刻意安排的,或者甚至只是打算协调和分散的项目中,抽离出某些单一的准则?然而同时,我在其中体会到一种慢慢成熟的、无声的评价的完成,以它的简洁和由此产生的威严打动人心。这些鞭辟入里的行文以最好的方式呈现出来:某个人从"骨气"的角度,比第一个人更逊色,从"简秀"的角度,差于第二个人,从"韶润"的角度,不如第三个人,在"思致"方面低于第四个人（第30节）——同样的分类也运用于一幅画作或者一首诗歌的评价上。没有更多元素来加以建构或者哪怕只是解释和证明，大多数时间，我们都要与物像打交道。同样，面对如此多的，没有任何限定的概念的变化，我们只能处于暗示中，我们看到一个接一个的，从不同角度的分类和再分类的情况，却从未从中产生一个统一的判断——我们也没有感觉到缺失，或者好像这个艺术是最"纯化"的（épuré）。然而我们知道，中国在欧洲所发现的，来自"评论"的各种功能最终会以拯救者的姿态出现，并被迫不及待地加以采纳。

接着我开始熟悉这个所有都混在一起的合成物——是的，首先当然是关于"习性"（habitus），而不是理解力——假如简洁是一种评价，紧随其后的是，前者如何求助于一个有创造性的，然而却只具有雏形的类型学。它从未主题化，却将存在的维度浓缩于自身，最终并总是以两极的方式呈现出来，例如："就远离尘世烦恼，生活在宁静之中而言，我胜过他——对于在隆重的场合保持轻松，他胜过我"（《世说新语·品藻》，第22节：萧条方外，亮不如臣；从容廊庙，臣不如亮）。评价在此予以平衡（banlancé），而非有一个垄断的标准。特征汇编如此从一页到另一页不断分叉，通过比较、配对、对照来进行，不为一个概念所支配，内涵却远远超过断定式的描述（它们如此保持在印象的层面而同样难以翻译）。关于第一个："正如步入宫廷的庄重——庄重：并没有刻意让人尊重，其他人自己就会尊重他"（素素如入廊

十七、"这很美"——除了"判断"还能做什么?

庙中,不修敬而人自敬);关于第二个:"我们仿佛看到一个军械库:在他面前陈列着大量的剑和戟"(如观武库,但睹矛戟);关于第三个:"无尽的辽阔和耸立:一切都在这里"(见传兰硕,江廧靡所不有);最后关于第四个:"这正如爬上一座山,然后看向山下:缩小、隐藏、幽深、辽远"(见山巨源,如登山临下,幽然深远 [《世说新语·赏誉》,第 8 节])。这四个评价接着足以形成一个系统,它们从一极延伸到另一极,却没有任何一个来进行自我强加。甚至对于人物,也具有气氛(ambiance)所散发出来的特征;它表明一个施加的影响,一个累积的孕含,如同它超越所有围绕着它的限制;它已经形成一处风景。

对于绘画和诗歌的评价产生于这同一个术语(品)的空隙处和轨迹中。以"诗品"之名,人们用等级的方式将诗歌以"上""中""下"加以分类,区分出质量的不同之处(钟嵘,公元 6 世纪)。我们已经列举出诗歌的形态,它通过每一个补偿前一个,并在其中带走多余部分,来组成系列(司空图,公元 10 世纪)。第一个,"元气",可能导致太多的激烈与混乱,"冲淡"于是跟随而来(2)。然而它又可能导致太多的苍白和乏味,"纤浓"紧随而至(3)。然而它也可能引起太多的充裕和琐碎,"沉着"于是又随之来临(4)。然而,它又可能变得太沉重,因而"高古"紧随而来(5)。如此等等。在这一系列的诗歌方式或者调式中(共 24 个),没有任何概念占据主导地位;没有由美而来的归纳,而是持续不断的平衡，从一个到另一个术语，使得评价不中断于任何术语，而是从一个方式到下一个方式不断更新，并且保持开放的幅度。我们不再试图定义一个独一无二的，因此也是不可避免地保持神秘的，并且使得西方为之着迷的本质，而是通过深入这些状况的细微差别，将不同类型学加以细分：内在逻辑将一个引向另一个，系统与其自身环环相扣，然而却没有任何视点从我们致力于"判断"的统一行动出发，而独占优势。

它也同样适用于绘画（使用相同的限制类别的动词"品"）：通过系统的一个与另一个的平行比较，对画家加以评价；他们根据等级的阶段被从高到低排列（从第一个被如此评价的画家谢赫[《古画品录》]开始）。甚至对于最伟大的画家，也通过"气"和"韵"的，或"肌"和"骨"的，进入"神"的，或者运笔如此成功，以至于出现"妙"的等等术语的简要回顾来加以评价。米芾告诉我们，仕女图绘画，"我们可以戏阅"，然而却不能够与之"进入"一个逃离事物常规和普通期待的"清玩"中（至于仕女翎毛，贵游戏阅，不入清玩）。[91] 我不知道如何更好地描绘这个如此缺乏解读，却暗示了精神在其开始作画之时以其自在的方式发展变化的表达方式，它从体系化和限制中解脱出来，并向着无穷不断接近。或者对绘画进行评价的另一个术语，"味玩"，它是关于一种无限延续到内心深处的心照不宣的领会方式，暗示着两个方面的同时消失：来自外部的，面对它，我们说出"这真美"；以

十七、"这很美"——除了"判断"还能做什么?

及所有的原则或者独一"标准"的(canon),以其之名我们能够判断。在"味"(saveur)中,我们确实领会到快感。然而,在这个感觉变得如此清晰,以至于味道在其中变"淡"(fadeur),感性正朝向消失的品味过程中,是否还有"快感"(plaisir)?精神于是"倾泻而出",他们只是如此加以描绘:它卸去负重,跟随在山谷深处升起的薄雾延伸,形状隐约散开——这里和那里,在"有"和"无"之间——正在消散之中。

十八、是否关乎快感？

在产生美学的年代,欧洲对此拥有共识:美被定义为"在我们身上产生快感",确切地说,是感官知觉的快感。我们根据是否能产生快感来判定是否美。在这点上,沃尔夫(Wolff)、狄德罗或者苏格兰学派,没有异议。如此,美和丑的取舍来自愉悦与其反面的选择;或者,更概略地说,是快感来占据美的判断的决定性位置。再次回到康德理论的原初:为了辨别某物是美还是丑的,只要将其在主体中的再现与我们感受到的快乐或者难受的知觉联系在一起——愉快(lust)/不快(Unlus)。将美的判断与认知的判断分离开来的是,借助于满足的知觉,我们意识到被赋予的再现。这个再现与拥有生命万物的主体的知觉相连,并且以此,正如康德所言,来"增强"它的生命力。这一实际的区分将我们带回起点:在限定了美的快感中,我们不再将满足归于这一再现的客体存在,而是归于"简单的再现"自身,以及归于我们

十八、是否关乎快感？

在自身所制造的再现。

我们已经知道，这个紧随而来的分离，在康德哲学中，使得美学快感成为其哲学转向的十字路口——这个哲学难道没有极其成功地利用整个体系（以至于正是通过这个哲学才有了体系）来实现它的转向？纯粹凝视的美的快感，我们知道，正如不同于"愉悦"（l'agréable），也非常不同于"善"（le bon），两者关涉再现的客体之存在，因而将欲望之能力混入快感之中：前者只限于对意义的激发，后者则假设一个意识的完美性的概念，并且服务于理性的实际利益。因为它并非以感性的方式或理性的规则，任由将自身归入一个或另一个。它切断所有遵循或者倾向的联系，并与所有完美的概念和感情的吸引相分离，这个产生美的快感的知觉。如此，与欲望拉开距离——这就是康德最终从经典人类学中脱身，并就此建立艺术自主性的来源——因而出现第三个用语，在两者之间，联系起哲学的两大面向：一方面，（根据自然的法则）认知"真"（le Vrai）的能力，另一方面，（根据自由的法则）向往善的能力。作出美的判断的体验快感的能力，从而实现了从一个到另一个的过渡。我们的忧虑在于，也就是说，正如之前的所有形而上学者一样，康德，再一次，取道（via）快感，这个便利的中介，来满足在"美"中的游戏；然而他毕竟已经懂得描述这一快感最终由何构成。

事实上，这个直接产生美之快感的生命的喜悦知觉来自何处？我们知道康德同时以自发的和均衡的方式对此做出回答，将两个具有代表性的能力，即一个感性的（想象力），另一个知性的（理解力）置于面对面的位置上：想象力构成直觉的多样性，理解力通过概念的效力与再现相统一，但却并不介入概念的确定之中，因为这一再现并不在其中服务于认知。那些使得我们即刻在判断为美的客体再现中体会到的快感，因而保持了"在自由性"中的想象力和"在合理性"中的理解力之间激发出的和谐关系，结果是，从中产生出循环往复的生生之气。正是这旦存在的"自由的嬉戏"令人不禁想起中国文人所提到的"清玩"；然而对于康德而言，这个游戏（spiel）被限定为认知能力之间的交流。从这里，在这个康德哲学阵营的阐述中，产生出问题，并且我认为，其明确地固定在两个时刻上。首先，强调唯一的快感（lust）将被过分限制在（18世纪精神的）感觉论中，尽管（相反于自身保有感知 aesthesis 的"混淆"confusion）康德仔细地将快感的知觉与感觉区别开来。（然而感觉——信息和感觉——满足能否在这一点上被拆分开，并且客体与主体的区分足以奠定这个分离吗？）尽管康德分辨出自由，然而随后（puis）所强调的再现能力的唯一游戏又过分地陷入到理智主义之中，因为它不再只是认识能力的问题，即便还是一个悖论，它却不再与认知有关。灵魂，再一次地，处于遗忘之途；并且总是这同一个古老的二元论，使得我们重新处于这一难题的上游，从一个，而后（puis）另一个

十八、是否关乎快感？

方面上翻转跌倒。

然而中国文人从他面对一幅画作的自身经验中能得到什么？他首先被严格地（客观地）要求"面对"吗？在中文文本中应用广泛的"对"同时表示一个与另一个处于面对面，成为一对，并相互呼应（如果这一术语在当代汉语中被用于将"ob-jet"翻译为"对－象"，那么这是不幸地放弃了这个成对的组合和默契的关系）。与绘画保持的关联，将我们带回到宗炳的起点。作为公元4世纪最早阐述风景画的作者之一，他根据文人的特性（气的控制、酒、音乐），象征性地描绘出他们内在不受约束的自由性，而这正是内在过程的展开之处：

于是闲居理气，拂觞鸣琴，披图幽对，坐究四荒……[92]

法文翻译者非常具有代表性地在此引入了一个被过分期待的"我注视"（je regarde），却什么也没有加以指出。[93]（注：非汉学研究者大概对这些关于翻译的备注感到厌烦，然而他必须懂得，正是这些微不足道的、充当协调和使得翻译更"流畅"的添加部分，最终，使得我们总是只跟原文本身的变异打交道，因而所有认为自己是在阅读中文文本的人，其实他仍停留在自身之中。）同样要注意的是，这里的绘画（peinture）不是（如西洋油画 [tableaux] 一样，以固定和持久的方式）被展示，而是根据某个时机（并视时机的质素），为了自己或者在朋友之间，在某个场合予以展开（*déroulées*）。与客观化的知觉相反，它更倾向于在同一平面上与（描绘的）风景形成附属和合作关系，而非任其构成再现的关系——正如接下来所要领会的：

> 不违天励之蘩，独应无人之野。峰岫峣嶷，云林森眇。

与（描绘的）风景发生的关联，通过引发气的循环流转，顺着宏伟的形状直到消失，在内部疏通阻塞，分散焦点；它令平静得以恢复，对立得以调和。它也全非一个或另一个的问题：既不是将肉体交给美所获得的快感知觉，也不是在它的刺激下自由而为的认知功能；而是以统一的方式予以达成：

> 余复何为哉，畅神而已。神之所畅，孰有先焉？

愉悦的感觉或者知觉？——于是对立于这个中国范畴中的自由的"畅神"（*épanchement de l'esprit*）。然而不要忘记，中文中的"神"（*esprit*）的寓意：不是首先与一个主体的认知能力相一致，而是能量的提炼和沉淀，从毫无生气变得越发活跃：它散播与扩展，而不是僵硬与固化。故而当然存在发展与活力，正如康德所描绘的，然而却不与生命相隔断，并被加以理智化（同样，这是

十八、是否关乎快感？

中国选项的成本,也要加以分析)。

另一个风景画论的作者是公元 5 世纪的王微,他得出同样的论断:

> 绿树扬风,白水激涧。呼呼!岂独运诸指掌,亦以神明降之。此画之情也。[94]

这里,由再现引起的断裂也没有出现;"神"在客体与主体之间并未造成分离;所引起的满足感并未听任自己根据两个明确不可分离的面孔来思考,一个是快感的知觉,另一个是认知能力的游戏。如果有满足,它也是来自范畴的,而不是("快感的")知觉的,是内在的释放和平息。郭若虚在其论述开篇写道,"每宴坐虚庭",接着,"高悬素壁,终日幽对(*face-retiré-y répondant*),愉愉然不知天地之大、万物之繁。况乎惊宠辱于势利之场,料得丧于奔驰之域者哉……"[95] 内心的匆忙与拥挤不复存在,他在这里提到一个安排布局,确切地说,它并非属于美学,好似在康德哲学中"取道"(*via*)快感引向美的自主性那样。它同样具有我们在欧洲再也无法呼出其名的特性,这个术语如此牢固地与宗教的多愁善感连在一起,然而面对主导西方绘画的视觉外向性,它却突然重获其所有的意义:不再是"注视"(*regard*),

而是"沉思"(recueillement)。注视或者沉思：它们在多大程度上确实组成了一个二者择一的关系？

方熏和康德是同时代的人，处于我们两个世界还没有通过思想而相遇的最后时期。那么对于欣赏一幅画作的方式，方熏说了什么？关于古人留下的笔法，或繁或简，我们以"穆然"的方式"对之"（总是这同一个"对"），以"悠然"的方式"思之"，"而神往者，画静也"[96]。这就是画作本身特有的"静"，而且"一念不设矣"。当代中文译者认为在这里加入一个表示"快感"的指征非常合适；（即：欣赏。事实上，难道我们不知道自康德以来，快感已经在全球范围内 [mondialement] 何等地被美所激发出来？）然而这个来自方熏的术语清楚地显示它在这里与"快感"并无关联：与画作保持默契，我们处于"沉思的"状态。沉思的 (pensif)，是与画作的这种关系的恰当模式。准确地说，它不再与"梦"(rêve) 有关，正如我们有时在西方讲到中国画时喜欢说的，因为在此不再有消失或者变形；而更是"提炼"(épuration，提纯、沉淀)，如果我们能够将这些术语从它们主观论的虚浮中剥离出来。同样，方熏认为，（画）云可以"洗涤"内心深处；画花和竹，使我们感情的天性得以"满足"（云霞荡胸襟，花竹怡情性）。[97] 关于倪瓒和黄公望的画作，则每一次都在"平淡"之中显示出最本质的能力，令智性的精神"歇息"下来的同时，也使得过于猛烈的能量得以"平复"（云林、大痴画，皆于平淡中见本领，直使智者息心，力者丧气）[98]……那些与画作相连的术语必须能够达到画作"清明"的境界，能提升到同一水准，而不是依靠康德从作为美的普世性的认知能力出发所提出的理论。

十九、美的民主

也许正是在这一点上,"美"得以在欧洲大行其道,并与作为一个整体的社会发展和西方世界的政治选择并驾齐驱:美无孔不入。对美的推动与大众的政治认知并行不悖;这就是为什么"智人美学"(homo aestheticus)的形象成为现代性的载体:美的判断揭示出互为准则的主体的一致性与同等性。这正是康德所发掘之处和由美产生的决定性成果。从美的满足是不偏不倚的,因而独立于体验它的主体,可以推断出它应该同样适用于所有人:因为我不能将判断归于我的个性,所以我可以合理地假设每个人都必须分享它。康德哲学最重要的论点:(在意义判断的层面上)我们能够说"对我而言是愉悦的",然而"对我而言是美的"却是矛盾的,因为美本身就是其他人的认可。这就是为什么我们会将"美"作为客体的属性来谈论,然而正如我们所知,在美的判断中,相关的再现却只与主体和主体在自身所体会到的快感有关。

十九、美的民主

然而如何才能证实美的判断所具有的这种普遍性,既然这个判断不需要这个普遍性的工具,而只需要概念就可以进行,而从概念又不可能过渡到只能每个人自身经历的快感?特别是如果我们赋予这个"普遍性"(universel)强烈的责任感,正如康德所期望的那样,而不只是来自经验的和比较的综合性观察:尽管我意识到周围其他人对我做出的美的判断提出质疑,我也会继续不遗余力地努力让他们接受。正是在这里,康德非常有效地利用了他所制造的知觉与判断之间,或者美的感性主义的一面与理智主义的一面的分离,换言之,一面是"快感"(plaisir)的知觉,另一面是在想象和理解力之间的"调节"关系作为认知的能力,即便正如我们所知,它与认知无关(而康德将其发掘得如此之好,以至于我们不得不怀疑这才是他的最终目的,而前面的分析只是作为一种手段而已)。再现的普遍性只与认知有关,只是因为美的判断调动起它可以宣称具有普遍性的认知能力(或者如果说知觉是凭借经验的,那么判断则是先验的):也就是说,因为它使得概念的效力(理解力)起作用,即便没有出现任何特定的概念(这一判断没有定论)。结果是,以认知作为指数的判断活动,才是快感知觉的源头,而不是反过来将我们重新导向"愉悦"的个人化之中(这就是揭开美的判断的"谜底"的"钥匙");我们从美中获得的"快感"是基于它是可以分享的事实。

正如康德所分析的,那些美的判断中的最基本角色和甚至作为现代性来临的决定性转折是揭示出一个普遍性，它不再是作为客体的普遍性，来自认知的范畴，而只能是一个新的类型：作为"主体的普遍性"（universalité des sujets）。它不再建立于论证和真实性（"必然性"）的基础上，而是基于（每一个主体的）自身的判断活动，以及（它所期待的来自他人的）认同。美作为一个新的政治构想，或者更进一步，实施政治的载体，从此建立于每个人的判断和召唤所有人的认同的基础上，体现出对失效的权利超验性加以抛弃的人性的新需求。如果说美在现代社会中如此重要，当然不是由于来自周遭的对它美化，而是我们经常所说的，因为政治判断标准的缘故，它足以取代那些先前的最高权利。再一次地：我们应归功于康德，他证明了正是这个美的知觉的"可分享性"（partageabilité）驱使我们必须"先验地"（a priori）提出一个我们还不知道如何以其他方式来证明的人类的共同意义（un sens commun）：当我说出"这很美"时，我提出了一个普遍原则的典型判断，我不知道如何为其命名——因为人类状况的普遍性到底是什么——然而尽管如此，这一判断还是脱颖而出。

它进而引导我们回到自己走过的地方。我们难道没有太过急躁地嘲笑这个沿着阿诺河（l'Arno）河堤或在米开朗琪罗的雕塑前，被游客漫不经心丢下的"这真美"？如果说这个人类密码"这真美"看上去约定俗成，事实上它却揭示了一个为我们所遗忘的人类的普遍性。更具决定性的是：正是鉴于这个美的判断，我们

十九、美的民主

学着推动一个并非预制的人类的普遍性。在认知判断中,实际上普遍性处于理解力的概念所给予的原样状态,只需加以运用就足够;然而,在美的个案中,康德向我们阐释,通过与想象力和理解力相符的游戏,判断的能力被用来发现(*découvrir*)适应于这一特殊性(*convient à ce particulier*)的普遍性。在这个意义上,美的判断开启了人类通往普遍性之路。这个普遍性不再是赠予,由某些"人类本性"原样交付,或者好似(在一个意识形态的虚构中)从天而降;而是人类从思考(*réfléxion*)出发,义不容辞地来制造(*produire*)这个普遍性。

以阐明之名,让我们来揭示"美"在什么方面对我们可用:美的判断的普遍性,以我之见,应当作为主体普遍性的人权普遍性这一事实的典范。我们不再满足于如长期以来欧洲所做的那样,将它们作为普世主义信条(*credo*)加以供奉;然而反过来,我们也不再听任将其相对化,或者削减到某些难以确定标准的"最低"(minimum)限度。[99]正如通过建立判断的自主性,它可能成为民主的倡导者:在美的判断的情形中,康德强调,是"每个人"(chacun)要求看到,并自我判断,而非任由他人来支配自己的判断,或任凭以口号和原则之名,被操纵于盲从和影响之下。自阿伦特(Arendt)开始,在这个政治视角下,我们反复重读这第三部《批判》(*Critique*),并且震惊地发现事实上康德是在此一问题上的创新者:我们想要将投票权的普遍性"集合于自身"

（rallier à soi），美是"投票"（suffrage）的客体，它所引起的不是争吵（disputer：贫瘠乏味之所在，因为那里绝对没有真理），而是"讨论"（discuter：在观点上体现出民主的孕育力）等等。康德甚而揭示了民主如何从自身变为不宽容：仅仅说出"这真美"，我不会让其他人按照他们的意愿思考；即便有争论，我也不强求来自所有人的赞同。如此等等。

总之，具有决定性的事实是，美的判断对所有人具有价值，因而以原则看来，所有人都涉及其中；因此通过要求得到他人的赞同，它创造出公众（public）。如果在我们所说的艺术领域中，中国所特有的欣赏模式有所不同的话，我认为首先是在于这一点上：并非因为其品味更贵族或精英化（减少大众品味是附带的，西方也有过试图与通俗品味保持距离的"快乐的少数派"[le *to the happy few*]），而是因为其并非处于大众或大众空间的构成中，这也同样在政治层面得以印证，正如民主在中国处于未发展或者发展中的状态所证明的那样。同时不要忘记在古代中国，在叙事诗的上游，戏剧的缺席；也正如在集会中发表演讲的演说家的形象的缺席——在中国，政治集会广场并不存在。其中的欣赏也是通过从人到人或更是从内在到内在心照不宣地传递（日本人所说的"以心伝心"[*ishin denshin*]），他人的品质在于保持审慎，对在一个享有特权的交流中的一种感激。如此，普遍主义的"这真美"，通过证实未知交流的合理性，将构成原则的"可分享性"置于无穷远处，逻辑上它在这里并无太多用处。

通过重新打开这个在中国激发了被称为文学和艺术评论（《世说新语·赏誉》，《任诞》）的观点、箴言和轶事的汇编，我们更好地体会到这个避免显露的审慎欣赏的艺术。当卫永在温峤身边担任官职时，曾得到后者的赏识，"每次都带着酒和肉看望卫永"（"每率尔提酒脯就卫"），"张腿而坐"（"箕倨"），也就是说，不讲礼节，而以令人舒适的方式，"他们面对面交谈一整天的时间"（"相对弥日"）（总是这个协调和默契的"对"）；并且"当卫永去看望温峤的时候，也是如此行事"（"卫往温许，亦尔"）（《任诞》，29）。这就是说，他们之间所建立的关系，足以通过这种使得所有礼仪和等级都变得陌生的亲密性来加以证明，而无需其他，同时避免被显露出来：确切地说，不反求诸己，而是"隐退"（retirée），远离闲谈与判断，对来自它们的认同并不关心。这一共同的时间只由其自身所经历，而不期望来自任何他方的衡量，不予许可，也不试图加以传播。

此外还有，一天晚上许掾拜访简文帝，"风清月明，他们在一个弯弯曲曲的房间中交谈。唤起感情是许掾所擅长的，然而其表达之清澈与优雅超过以往。"（"风怡月朗，乃共作曲室中语。襟情之咏，偏是许之所长。辞寄清婉，有逾平日。"）"虽然绝对承认他的才华，这次简文帝还是更加对其钦佩赞叹；在不知不觉中，两人膝对膝手挽手，一直聊到日出时分。"（"简文虽契素，此遇尤相咨嗟。不觉造却，共叉手语，达于将旦。"）（《赏誉》，144）在这一互动中，只有当下此刻（le moment）是重要的，在此之外没有交流引发关注：情境即为全部，没有任何东西可从这一情境中分离和转移出来。更有甚者，简文帝认为，"有此才情的人，不容易找到！"（"玄度才情，故未易多有许"）。如果这是一个完全不存在判断的平淡无奇的惯用语，它却足以标志着完满，并不需要延展——也不需要加以分享。

正如贺循在前往洛阳赴职途中，他所乘坐的船经过吴阊门；贺循在船中弹琴，张翰在金阊亭中听到，两人并不认识。张翰"听到如此清朗的声音，从亭中下来，进入船中，来结识贺循，并与之交谈。"（"闻弦甚清，下船就贺，因共语。"）（《任诞》，22）。"他们二人一见如故"（"便大相知说[悦]"），贺循告诉张翰他要去首都，而张翰，甚至没有知会家人，就决定跟他一同前往（"问贺：'卿欲何之？'贺曰：'入洛赴命，正尔进路'。张曰：'吾亦有事北京。'因路寄载，便与贺同发。初不告家"）……人们在古代中国如何命名今天（全球范围内）所称的"评论"（critique）？确切地说，是那个被叫作"知音"的名称起作用。在由大众所建构的理念的缺失下，唯一考虑的是个人的接收性：一个好的评论是提升到"共鸣"（unisson）层次的评论。

在中国对于文学进行思考的主要著作中（传统上公认的，出现于5世纪的《文心雕龙》），有一个篇章专门致力于研究这一功用。在抱怨好的鉴赏者稀缺,经常是太不公正和缺乏经验的品鉴后,作者让人们明白,对创作的体会是根据怎样心照不宣的私密性,来从一个内在传递到另一个之中[100]:他认为,一种满足感的产生"类似于人们在春天登上洒满阳光的天台所获得的感受"(譬春台之熙众人);或者文学作品流露出的优秀特质,"正如人们随身带着一株兰花,让它自己更好地散发出清香……"(盖闻兰为国香,服媚弥芬)。从这些图像中我们能获得什么?至少是:如果总要分辨出缺点和优点,那么在中国,对作品的"倾听"(l'écoute),通过孕育和"润泽"([imbibition])得以形成的同时,发出一种共鸣,甚至促成一种气氛,而不是戏剧性地召唤一个来自公众的认同。

因而所有的一切都取决于作品所具有的精神境界(l'état d'esprit)。在郭熙看来,如果一幅画作的精神被认为流于肤浅,那么你会"使得注视在精神的景致中变得模糊",并且"玷污风的清朗"[101]。"风",郭熙认为:总是难以觉察地循环流动和散播;"清"(limpidité)亦然:它总是与气的净化和澄清有关,并且没有在客观与主观之间进行切割。郭熙重复道,为了重聚作品的"清",必须将自己的内在提升到"清"的层面,抽离所有对其形成障碍的昏暗不明(不此之主而轻心临之,岂不芜杂神观,浑浊清风也哉)——这里没有太多无论是精英主义的,还是超脱能力的问题,而是从"静思"(recueillement)中,我们重新回到那里。"如果带着树林和泉水的精神来接近画作,价值为上;如果带着傲慢和放浪的精神,价值则为下"(以林泉之心临之则价高,以骄侈之目临之则价低。出自《林泉高致》)。或者,正如与康德同时代的方熏所言:所有人都可以看到一幅画作是否运用了规则,以及墨线巧妙还是笨拙;然而当我们的内在气息放之笔端和绢纸,如果自身的内在性没有提高到具有超凡洞察力的程度,便不能达到呈现出来的如此自然的效果(观画悉知巧拙工俗,造微入妙)[102]。我们的思考不能再是老生常谈,当我们重温这句中国的古老格言,"如乐之和,无所不谐",在这里,某些更重要的东西破土而出:品鉴依赖于(时机的、布局的、对话者的)条件,以及不具有来自美为其抽象假设所规定的普遍性特征;它源自一种默默的成熟和展开的进程,而不是如蛮横甚至粗暴地强加于我们的美之"震动"(saisissement)所呈现的那样:在迅如闪电突然而至的一瞬间,我们像经历一桩大事一般"被击中"(frappant)。

二十、美的惊惧

当,经过圣马克拱廊最初的壁画后,我们停留在有着大面积蓝色的十字架脚下的圣多米尼克(Saint Dominique)壁画前,我们拾级而上到达高处,面对壁画"圣马可修道院的宣告"(l'Annonciation)时,我们突如其来地被牢牢抓住,被击中,被这来自美的"一切"(tout)所震惊。这些用于固有含义的动词并不过分,也不是用来说明令人窒息是一些有形的东西。我们感到不只是"通过眼睛"(à travers les yeux)被击中,正如希腊人所说的那样,而是完完全全地,好像就在我们眼前,圣母玛丽亚得知这个讯息。我们对此并无预期。某些与之前的时间相断绝的事物显露出来,从预期里脱离,并将我们逼入与其对峙之中——除非闭上双眼,予以放弃。这真的关涉"快感"吗?有多少满足感,就有同样多的感情令人不堪重负:因为一时之间有太多要看的,感觉过分地迷醉其中,感性从它的束缚和限制中摆脱出来，并且这一次是它，而不是不可见，来担当"绝对"这一角色。"入迷"（extase），这个神秘主义的古老用语并不过分，因为它确实关系到面对美——完完全全的美，彻头彻尾的美——在视觉上使得我们有限的目光被击为碎片的美，从这个意义而言，"入迷"又是过分的（仿佛有着一个"令人瞪大双眸"的动力）。

是否涉及的真的还是"快感"（plaisir），如果非要将快感掺入进一个它所没有的感知，一个不能回应我们突然从四面八方并且毫无回旋余地被美围困夹击的一切（tout）的感知？因为是一切，所以便有太多（的美）：突然有太多要注视。面对这个感性的汹涌澎湃，如何达到一个高度，正如我们所言，才能"经得住这一震撼"？我们突然完全淹没在这一感性里，而不是能够克制它，换言之，将其稳定地保持在它的位置上。我们确实能够，为了重建，开始分析画作，勾勒轮廓，确定细节，使人注意到某一部分，甚至加以评论，然而正是这个试图弱化和缓和视觉上太多突如而来的冲击的、与自身迂回的方式，太不具有说服力。当我在威尼斯的圣乔治岛短暂逗留时，很快就感到难以承受如此之多的美：持续地被光彩夺目的外部所召唤，眼睛总是不停地转向周遭，目光定格其中难以自拔。美千真万确地令人目盲。美的"惊惧"，正如我们曾说：它所强加的这一垄断直到怎样的程度，这个它在感性的内部所引发的断裂，这个我们不再能够回避的存在，

二十、美的惊惧

它们确实是可以承受的吗？我于是向往苍白而模糊的天际，更枯燥乏味，在那里极少的事物被凸显出来，首先便是很少的事物进入眼帘；而只有彼处与此处，不引人注目的、分散的、被召唤的目光刚刚好地投向它，顺着它演变。

自从希腊人开始思考美，他们就在柏拉图的文字中指出了美所引发的惊惧（《斐德罗》251；之后又为柏罗丁加以重述的《九章集》，第一章, 6，2 和 4）。"从第一笔开始"就成为"感性"（sensible）的这个美，一字一句地将我们作为"目标"（trait），一击而中。它的产生是突然而无法阻挡的，它同时激发的知觉反应是无法理清的，甚至危险地接近于悖论：它"使人愉悦"（réjouit）的同时"令人惊惧"（effraye）；它"震撼地"（étonnements）为人所见，以快乐的方式"打动"（frappe）我们的感官，激发"伴随着快感的惊惧"（un effroi accompagné de plaisir）。它同时是剧烈狂暴的和使人愉悦陶醉的。这个如此突如其来的震撼将我们抛入狂喜之中（ekplexis）。与爱所经历的相似，它所引起的惊慌所暴露出的弱点即刻产生在感性的内部，使得感性不再如其惯常的欠缺，以缺席的方式出现，而是通过超越知觉——使其相反地触及不可能的所在——那个窒息的来源之地。

美引来注视，将其套牢，惊呆一样地紧紧连接在自己身上。柏罗丁问道，"那么是什么使得目光得以移动"，让它"转向自我"和"走向自我"（《九章集》，第一章，6，1）？"固着于美的注视"（le regard fixé sur le beau，《九章集》，第三章，5，1）是一个希腊思想具有突出特征的姿态：如果"凝视"（contempler）没有被希腊人在最高地位上平行地予以推动，那么就不会有美的盛行。在希腊文化中，注视具有如此支配的地位，甚至对于不可见的事物，（灵魂的）"眼眸"（yeux）仍然"转向"（tournés vers），并且紧附于它；凝视是来自圣人或者甚至上帝的完美的活动。如果不去凝视在彼处的美人们，诸神们还能做些什么？然而，同样是圣人的活动，在中国，却不是凝视，而是"顺"（suivre）以及协调的演进，所有的一切都在同样表达着一种怀疑，即对于所体会到的试图引起关注、凸显、诱导和打破演进的连续性（被称作"道"）的怀疑：

乐与饵，过客止。道之出口，淡乎其无味。（《道德经》，第35章）

老子说道，"当人们注视它的时候，并没有充分地看到"；"当人们听它的时候，并没有足够地听到"（视之不足见，听之不足闻，用之不足既）：道（dao），不只是"淡乎其无味"，无法打动人的听觉和视觉，而是人们甚至从一开始就没有觉察到它。相反，当人们将其"实践"于"功用"之中（这个观点，再一次，是用途上的，而非理论上的），它则是无法"穷尽地"（用之不足既)(《道德经》,第 35 章)。不吸引注视的价值在于持续不断地运行,而不再令人震惊,甚至不使自己被辨认出来,这正是为什么我们并没有首先对其加以注意;与此同时,对于那些总是如此对自身予以保留的事物,我们不再感到厌倦。好像没有什么再被针对,被"瞄准"(ciblé),评论家(王弼)继续写道,视觉或听觉不再给予确定的对象,这个可见的与可听的,避免垄断的两者,以不引人注目的方式展现它们自己:从它们不是可指定与可限定之中,它们无穷尽地显现出来。在绘画上同理:"画匠"(artisans du pinceau)肤浅的画作尝试做的是"悦目"(plaire aux yeux),想要捕捉住目光的注视;然而,当它尽力完成之时,被它所激发的内在之气却早已枯竭。(唐志契:夫工山水始于画院俗子,故作细画,思以悦人之目而为之,及一幅工画虽成,而自己之兴已索然矣[103])。

希腊人只懂得瞬间的注视,充沛饱满,直到惊呆的程度:这面对美的,突如其来地,令人心醉神迷的注视,却不知道如何得以持续。柏罗丁懂得以灵魂提升的语汇来思考(可理解的、在天堂的和彼岸的)美的凝视,诸如既非使其厌倦,也非令其满足,更不对其构成威胁,而是在它的活力中加以吸收的同时,"凝视,总是更多地凝视":"在事物被看见的同时,显露无穷尽的自我",它与我们本性的自我发展相一致(《九章集》,第五章,8,4)。我们于是走出位于感性内部的美的惊惧和慌张以开启精神的延展（然而当然只有在美与感性完全分割之后）。正如我们在康德哲学中所见，他将掺入震惊负面感情的"崇高"面向中的愕然与激动的效果转为（处于超感性之中的）超越的满足，通过同时保持认知力的能动性和再现的状态（《判断力批判》，第 12 章），穿过在美面前可能被"延迟"（s'attarder）的所在来思考。

然而，这个处于自身之中的对美的凝视，以及它所带来的自我强化和自我复制的主观活力，其延续方式完全不同于感性自身所特有的价值化和深化（l'approfondissant）的过程，正如中国思想所描绘的那样；后者绝对不与引起广泛注意和使人关注的美首先发生联系，甚至更少地被赞美。与画作牵涉在一起的关联显现出更多的孕育力，甚至充沛性，它以"平淡"（fade）和不引人注目的方式——一种"恰好"（l'à-peine）的方式——予以开始。因此最终我们不再能够脱离它，而它也以无穷的方式延展开来。

首先是发生在人物之间的关联。道家的另一个重要文本《庄子》，拥有大量的人物故事，他们毫无引人瞩目之处，甚至身有残疾、躯体扭曲、跛足以及具有所有所谓的畸形特征；然而随着时间的推移，通过不断的影响，他们开始散发出一种自低而高的威望，甚至连君王也不再能够无视他们（《德充符》）。在我们之前提到的那本塑造的形象成为中国文人意识的汇编中，很多时候人物先是粗鄙不堪，然而接下来鉴赏的主要标准使得我们意识到，我们再也无法不被他们所吸引（《世说新语·赏誉》，9，146，

二十、美的惊惧

147 等)。在绘画上同理。并非只要是最少的便能暗含着最多——平淡不是间接肯定法,或者倒置的强化修辞格——而是因为这个并不令人满足的靠近唤起一个运行,甚至是一个具有最长过程的运行(总是这个过程的思想)。它以最少的吸引力导向无穷无尽的感知。

关于中国最伟大的画家顾恺之:"他的绘画仿佛春蚕吐丝:开始时,似乎非常乏味和简单,从相似的角度,有时甚至还有失误;然而,更细致地观察,绘画的六个原则在此都异常完备——我们不能以文字来形容它"[104](顾恺之画如春蚕吐丝,初见甚平易,且形似时或有失,细视之,六法兼备,有不可以语言文字形容者)。方薰也认为:"有些画作,看第一眼时,平淡而乏味;然而,如果长久地观察就会发现,它焕发出精神的光芒:这样的画作是第一等级的。"(画有初观平淡,久视神明者,为上乘)"相反,也有一些画作,当目光落向它时,看上去是成功的;然而如果再将注视重新投向它,它却索然无味。"(有入眼似佳,转视无意者)吴道子在张僧繇的一幅画作中便有如此的感受:"他仔细欣赏了两次,第三次,睡在画作旁边,从此不再离开"[105](吴生观曾孙画,谛视之再,乃三宿不去,庸眼自莫辨)。如果一幅画作不是以它的美"一击"而中,同时也使得感性被固化凝结,而是总保持着含蓄的姿态——回缩地——予以展开,不停止地被慢慢"品味",这样的画作本身便拥有着"生命"。

二十一、美之死

拥有着"生命"（vie），意味着存在着即将来临的展开进程，在这个意义上，再确切不过。根据中国最古老的字典（《说文解字》），"生"（vivre）（或者"生命"[vie]）意味着"进展、发展"（"进也"）；卦象描画出破土而出的植物的生长（平行的一划在图像的下方），并且一步步向上提升。"生"：如果说我们认为必然有一个在任何语言中都能找到的术语，一个根源性的术语，一个在落入意义之中的同时，指出一切存有之共性的具有最明显意义的术语，那便一定是它。然而，对于它压缩的单一性，我却不再确定无疑：其自身是否提供了已经暗含某种取舍的多样面向？是否也是角度的问题？因为在中文中，这同一个词可以表达"诞生""生存""孕育""起动""活着""后生"。如果我们认为一幅画作是"活的"（vivante），这便明确意味着画作中的形象表现朝向着超越，即便只是在完成之初，它已拥有着未来；它投入到一

二十一、美之死

个由其自身唤起的进程中,不断延展,甚至永不止息。

总之,"生",归于孕含(*prégnant*),也就是说,最大可能的生成变化。我们记得刚刚提及过的绘画第一原则:"气韵生动。"通过这个"生气"("推动力"[poussée])的思想,方熏向我们指出如何理解这个基础模式,它被不断评注而只为向我们说明只能通过直觉来对其加以理解:从这个形象不再僵硬与固化,而是"处于运动之中"(en mouvement)的生的能力中,散发出"贯穿"(traverse)画作并令其振动的"韵"(résonance)(能会生动,则气韵自在)。[106] 中国思想并不就此走出,而是在这一点上不断加以重复。在绘画方面,"生"同样意味着一种不断地"自我更新"(se renouveler)、"生-生"(vivre-vivre)、"无穷无尽"(sans s'épuiser,);它"在远处深入展开,看不到它的消失"(唐志契:生者生生不穷,深远难尽)。[107] 总之,在中国,评价一幅画是"活的"(vivante),如同"美"在欧洲一样,这是一个最首要的资质。它所代替的难道不正是美的固有概念所具有的效力吗?

不断地熟悉这一思想,甚至反复地加以思索(中国思想不建构,而是阐释),我们就会领会其一致性如何编制而成;在缺少概念接合的情况下,这些类同性如何得以发展。特别是我们已经知道的,弥合了可见与深层的不可见之间的断裂的"神采",与这一生气的表达组成一对关系,在浸入氛围的同时,令画作中的造型在静默悄然中,朝向其超越敞开(神采生动)。[108] "生意"

(incitation vitale）也是一个重要的资质（米芾的《画史》）：画作通过其塑造的形象，保持在展开的状态之中，并得以进一步孕育，在内在中延续它的韵律，从而生成充满生气的张力，而不是通过导向直到惊骇的激动－狂喜，在一瞬间将人打动；我们所描绘的：花、树、人物、风景，甚至岩石，都是生气聚集的所在。

我们当然要联想到在欧洲的情形，并特别记得绘画在希腊语中自称"生命的图解"（zôgraphia, 而画作则为"生命的符码"[zôgraphème]）；柏拉图认为，"事实上，产生绘画的存有，创造了活生生的存有的形象"（《斐德罗》275 d;《克拉蒂洛》，柏拉图甚至简练地将这些"有生命的事物"冠以"名称"来确定画作）。或者还有当瓦萨里（Vasari）想要庆祝脱离拜占庭风格影响的意大利绘画复兴时，他所说的那些话？还包括契马部埃（Cimabue），"与希腊人所做的线性和勾勒的风格相比，他懂得给予织物、衣服，以及所有事物更多一点活生生的、自然的和柔和的特质"；或者"乔托（Giotto）所再现的玛拉特斯塔领主具有如此鲜活的姿态，以至于令人以为他就在眼前"。换言之，关于蒙娜丽莎，我们还能说出什么赞美有加的话？"她清澈的双眸有着生命的光彩"；或者"她的鼻子有着玫瑰般娇嫩迷人的鼻孔，就如同拥有生命"……然而瓦萨里在这个被他称为"生命"（vie）的事物中期待的是什么呢？"相似性"（ressemblance）。长袍的丝

二十一、美之死

绒,或者皮肤的颜色,甚至关于蒙娜丽莎的面孔,都被其命名为"本然的模仿"(imitation de la nature),从而并未走出作为模仿和再现的柏拉图学说的绘画理念,正如我们所知,这正是现代绘画全力背道而驰的所在;而不是作为一个在张力中加以布局,任由生气延展,并从中散发出"韵"(résonance)的绘画观念。

按照石涛的理论,我们则可以更好地理解绘画如何能够通过它的布局**从生命中释然而出**(dégager de la vie),并从这里,加入到"无穷无尽的"(交互)激发的过程中——而非在生命之中,追求对于形象的再现,由此得到可能骗过我们双眼的幻象(宙克西斯[Zeuxis]的葡萄,这一著名的"诱饵")。首先必须注意不要将景色"分层"(tranches)切割,像初学者以机械的方式所掌握的规则那样,分离出"大地的一层""植物的一层"和"山脉的第三层"(或者区分出简单的形态变化:位于下层的"场景","山"在高处,如果愿意,还有"云"位于两者之间;《石涛》第10章:分疆三叠两段,似乎山水之失……三叠者,一层地,二层树,三层山……两段者,景在下,山在上,俗以云在中)。如此一来,正如石涛所说,"不再有生命穿行而过"(毫无生气)。相反,一切风景必须"通过贯穿而过的,从一个部分传递到另一个部分的同一个气"来"连接"起它们之间的所有元素:"画笔的力量"于是能够"穿透""千座山峰和万个峡谷",而不会由于僵化刻板在那里留下使得轮廓"庸俗不堪"的"痕迹"。通过这个将一切加以联通的冲力，我们得以"入神"（为此三者，先要贯通一气，不可拘泥分疆。三叠两段，偏要突手作用，才见笔力。即入千峰万壑，俱无俗迹。为此三者入神，则于细碎有失，亦不碍矣）。或者，当我们描画树木时（正如我们所见，以三、五、九、十为组，《石涛》，第 12 章／见本书第 16 章，第 3 段），每一个都适合地"在或者阴或者阳的面向上"显现出"特有的面貌"。它们所产生的对照和张力的效果——"通过凸出-收缩"，"在高低之间"——将"生命和运动在极限处表现出来"：如此得到的"似英雄般"的"站立而舞，低垂或抬头，蹲踞或耸立，飘动或摇摆"（令其反正阴阳，各自面目，参差高下，生动有致……其势似英雄起舞，俯仰蹲立，蹁跹排宕）。

在这个通过内部孕育的过程而非外在模仿来表现生命的核心中，存在着一个概念：在所有充满生命力的构造中，从基本构成元素的最初级阶段开始，"极性"（la *polarité*）有着通过两个不同极点的潜在性和功能性，而将两个极点，即中国人所说的阴与阳同时占有的能力。从它们开始，生命得以产生。这个位于中国思想核心的准则，正如我们所知，也作为绘画的概念，从一个到另一个专论，从一个到另一个章节，被不断提及，它被如此之好地写入同样通过"极性"（我们太表面化地来命名其平行性），而非句法建构来表述的中国句式中。正如石涛在这个连续的二元结构中所提及的，我们看到对极性的应用同样出现在风景画中，这也

二十一、美之死

是为什么风景的形状在变化之中产生出连续不断的交互运动:"反面／正面""斜向／侧向""近处／远处""内部／外部""中断／延伸""渐强／渐弱"等等——"这就是生活的伟大开端"(有反有正,有偏有侧,有聚有散,有近有远,有内有外,有虚有实,有断有连,有层次,有剥落,有丰致,有缥缈,此生活之大端也。[石涛,第5章])。而极性也(已经)应用于画笔的掌握中:运用笔尖或者侧锋,垂直或者倾斜,舒展或者紧闭,跳跃或者收拢,给予骨或者肉等等(用墨亦然:或淡或浓,或深或浅等等)。笔与墨,在它们两者之间,组成着绘画发展的重要极性:"在墨之海洋的中心,精神牢牢安置于此／在笔尖之下,烘托与涌现出生命。"(在于墨海中立定精神,在笔锋下决出生活。[石涛,第7章])它还(已经)体现在运腕的方法中:或者按压以进入深处,或者使笔轻快地飞舞;或者加快行进和勾勒以在力量方面得以发展;或者放慢在饶有兴味的弯曲处;等等(腕受实则沉著透彻,腕受虚则飞舞悠扬。腕受正则中直藏锋,腕受仄则欹斜尽致。[石涛,第6章])。从这每一次都唤起另一次并且在其自身予以不断更新的多重变化出发,画作诞生－存活－孕育(所有都结合着生的含义,"有生命的－孕含的")。

关于形成之中的运动或者形成了的造型,互为相反的"虚与实"(vide et plein),传统上认为它们在功能上具有互补性,正如"虚"(*vide*),去－饱和化并促成交流,使得"实"(*plein*)可以充分达到充满的效果。这个二元结构处于中国绘画观念的核心地位。只需抬起笔端，在轮廓的内部留白，其空空如也，却充满活力（虚而灵）[109]：它使得其物质性的存在变得清晰，而非陷入它的"痕迹"（trace）之中——从而在有形之外得以延展。不可见（绝对）并非以术语"存有"（Être）来建构，而是作为"未分化的基底"或者"大的虚空"（太虚、无）来理解。在那里，事物的界限被打破，感性的固态被非个人化；形式变得模糊不清而且传递着生气。只需举起画笔，雕琢线条，在轮廓的内部让空白显现，而它，一如其本身，不再受制于可见、限制和固化：它敞开自身朝向那个不可见之地，"神"逃脱而出，"生"自此而来。

古典绘画在欧洲遭遇到怎样的困境，它又败在何处？我认为我们可以一语概之：对精神的"再现"（représenter）是没有出路的。在其中描画的面孔和姿态以最强有力的方式表达着灵魂的状态和情感的张力——正如在十字架脚下的面孔和姿态（布雷拉的乔凡尼·贝利尼 [Giovanni Bellini à la Brera]）——然而精神，对它而言，却没有得以再现。在这种情况下，我们通常做些什么？我们借助于人为的手法。为了塑造这另一个（精神的或者不可见的）面向，圣母与（在所有这些"圣母加冕像"中的）大块乌云、萦绕在圣人们头顶的光环，或者代表着耶稣神性的光芒分隔开来……我设想，对这些画家而言，不得不通过这种方法来达到效果，是何等地令他们感到心碎和烦恼！或者还必须将羽毛粘在如此优雅的天使的身上。这当然只是权宜之计，都是约定俗成：可见的与可理解的在原则上的分离不再使得蹩脚作品的象征化成为可能。在欧洲，以形而上学的方式和存有的语汇作为另一个世界来构想并因此与感性断然决裂的"绝对"（l'absolu）并非如此意象地，即在其自身形象再现的发展中，做出形式的"划界"和"辨别"的选择，也就是说，做出产生"存有"的决定性选择，而它正是美的所来之处，从而能够不顾及模糊不清的远方和将轮廓加以模糊化的绘画手法（sfumato）所期待的一切效果，经由转变（par transition）提升到精神的层面。

这就是美最终面对的问题：在可见之中，美是结果的和终极的，从可见到不可见，并未加以深化（s'approfondit）。它融入、合并、调和，却非致力于超越（ne prête pas à dépassement）；它停下，而后永存，却非呼唤一个展开的到来。而后者却为中国绘画作为"生"（vie）来加以推动。为了超越可见的美，必须在象征化中切换方向，并通过类比的方式对一个理想的面向加以诠释，为此则必须逃离感性（过渡到理念的可理解性）。这就是为什么美在一瞬间"打动人""使人惊惧"，给人强烈感受并且令人心醉神迷，而非引起"平而淡"（plat et fade）的品味，通过持续不断的过程，导向"味外味"（saveur d'au-delà la saveur）；或者"模糊"或者"微妙"——散布在此处与彼处——导向"景外景"（paysage d'au-delà le paysage）。美清晰可辨的形式使得可见得以最大程度地显现出来；它甚至通过在可见的不确定中制造破裂，使得绝对（l'absolu）显示在视线之中。然而这些形式却并未在不可见中——脱离出来——自我放大。美是非超越的，它不再留下任何欲望的极端，它如一堵最后的高墙，阻挡住所有前进的道路（当一幅画是"美"的，我便除它之外不再有任何更多的想象），这些都将美与死亡连在一起。阿多诺（Adorno）注意到，与"美"相比，中国绘画更青睐孕育中的生命，并给予它更多的思考："美，并非像瓦格纳（Wagner）的女武神（Walkyrie）对于齐格蒙德（Sigmund）一样，只作为死神的信使说话，而是作为过程，与自我相似。"[110]

与持续发展中的运动或者作为生命的"推动力"（poussée）相比，美是退缩的，造成分离；它庄严地封闭在自己的王国里。这是否是黑格尔已经说过的？通过从一切惯常的影响或依附中脱离出来，使外在的呈现与其内在概念及内容独一无二地相一致，如此不受束缚地以自身为依托，"与自我相统一"（*mit sich zusammengeschlossen*），美，死于直接的存在（*abgestorben dem unmittelbaren Dasein*）。[111] 美被如此交付给死亡，因为抵达这最后的极限，遭遇不可逾越的障碍，除了陷入毁灭的深渊；或者除了从其存有的边界，在非-存有中被彻底抹去，它没有其他深入延展的可能。在感性的内部，通过打开裂缝而为人接受。除了自我消亡，美，同样没有其他未来；或者它的存在已经标志出它无法

二十一、美之死

逃避的消亡，一个唤起另一个。如果不是如此，就有可能陷入自我炫耀和自我陶醉于美的彰显的危险，任凭自身固着在表象上而成为一个装饰：为了避免引人注目，美只能将它的强度保留在死亡和悲剧般的压制之下；属于它的时间转瞬即逝，它脆弱的状态不堪一击。裸体已然：（即便描绘的是众神）这身体只在承认它的必然消逝时才显现出它不可超越的美。或者威尼斯。《威尼斯之死》不是某个故事，而是美的严酷的概念。处于变化当中："看到意大利，然而死去。"而之后还能看到什么呢？

威尼斯只有处于消失的威胁之中（坦白讲，处于条件恶劣的水边，它总是面临着危险），才是美的。否则，它只是一处用纸壳－颜料做成的戏剧布景，并将跟布鲁日（Bruges）一样，这个弗拉芒的竞争者有意识地重新上漆和镀金，目之所及，我们并未因为看得太多而疲劳，反而因为不再被吸引而轻松滑过（雨后的布鲁日仿佛被清洗一新之时除外）。然而威尼斯从明信片中逃脱了出来，它用尽全力保留其形式和颜色如一个海市蜃楼般的仙境免于损坏，它人迹罕至的北方邻居托尔契诺（Torcello）的命运烘托着它：所有可见的事物一下子神奇地浮现出来，然而却是狼藉遍地；潮湿侵蚀着建筑表面的颜色，每一次水上巴士经过时激起的湍流，都将微咸的海水蔓延至宫殿的阶梯之上。

二十二、美之崇拜

威尼斯,或者蒙娜丽莎的微笑,是一个绝无仅有的致敬对象,因为它们已经触及到可见的极致,使得不可逾越浮现而出,好似"绝对"(l'absolu)在面对死亡时的闪耀。正如那些英雄或者半人半神者,赋予它们的任务是指引我们的命运直到它的极限。也正如帕里斯(Pâris)所做的,判断一旦降临,被看作在感性内部加以体现的美的本质便独占了全部注意力,将这些神的形象从所属范畴中抽离出来,分置于大自然或者博物馆中。没有这个美在先贤寺中的神圣化,威尼斯或者蒙娜丽莎便不具有这个超出游客和唯美主义者圈子之外的,例外的、象征性的和集体分享的地位;我没有在中国或者远东其他国家看到等同于威尼斯和蒙娜丽莎的这种美的极权的象征。即便这些国家,也许还有世界上其他国家真的从我们这里借入,而我们也"全球化"地推动——通过旅游业(是财富,也是巨大的灾难)——如埃皮那勒(Epinal)

二十二、美之崇拜

版画一般的"美"。

"美",脱颖而出,召唤它所授予神的同样的崇拜;从概念,甚至概念的模式,它将感性传入理念,也就此成为崇拜的客体;并且成为自神死后,在现代社会中,我们所剩的唯一的崇拜。柏罗丁对我们同时说到两者:一方面,美自身是这个世界的陌生人;感性的美将我们放入它的轨道,然而却将我们引向感性的尽头,在那里没有超越;我们因而必须与这个感性决裂,并以灵魂的双眸观看,同时"摒弃停留在底层的知觉"(《九章集》,第一章,6,4):从这个处于"天空和大地之上"的美的角度,感性的美只是一个衰弱的图像,苍白的倒影,并且确实正如一个阴影般,如此昙花一现。另一方面,朝向这个转而面对我们,而我们面对它却"毫无办法"的(《九章集》,第一章,6,8),"以某种方式存在于神庙之内"的,甚至"不走到外部以使自己看见世俗事物"的"惊人的"美,我们必须像登神庙一样拾级而上,褪去衣服,涤除罪恶,一如改变信仰的新人。对于美,柏罗丁重拾这仅存下来的唯一的语言,这没有语言的语言,这应用在秘密仪式上的不可言喻。因为,通过接连不断的提纯,不只将我们提升至感性美之上,也提升至灵魂之中的美之上,直到提升至那个给予唯一的最高祭司的美之上,它是"美之美"(to kalon kalon),那个唯一的"存有"(est),并且未被玷污:"原初的"(première)美,它不存在于其他事物,而是"在其自身"(en elle-même),并且不再有任何污染；这也就是为什么美的一个简单的倒影，如此短暂，如此暗淡，却足以将我们投入到"惊惧"(*thambos*)之中。

柏罗丁完整无损地留给我们这个本质化的美的神学。而在当代，重新开始的世俗化也从未对其加以清除。相反，这个世俗化致使美作为唯一存留的"神"被隔离和推动，美非但没有受到损害，反而与科学相容，甚至非常成功地对其加以抵消，而这也正是宗教可以毫无阻碍地卷土重来之原因所在。这个世俗化甚至对美的角色加以认可：美在那里，如此一个神的时代留存的，在幻想破灭的世界上漂流的断块。它被放入博物馆，这现代的神庙之中：这里提供了一个神圣的世俗之物巨大的、独一无二的便利。甚至公共舆论也在制造美的俗常神话，见证着"面对"(*devant*)美的习惯性的惊叹和游客般的兴奋：这个对于美的集体性的逢迎，抵消了它所代表的民主成果，是建构了欧洲的，并仍在耗用却毫不怀疑的，也许今天比以往任何时候都更甚之的伟大虚幻之一。

如果说美拥有如此高声誉，是因为它充当了幸福生活的终极舞台；它是我们仅存的最后救赎，并且能够在其中自我投射，充满幻象却暴露无遗，不必再理性地乔装打扮，它是最伟大冲动的调和者。对于美，柏罗丁提出了一个最可行的——理论上的——天堂的版本。在这个"纯粹"(pur)的、"彼处"(Là-bas)的美中，一切都是"透明的"(transparent)，不再有任何阴影或制造的屏障,"一切的一切,直到它们的内部,都是清晰的"(《九章集》,第五章,8,4)。"每个自身拥有一切,并在每个其他中看到一切":"太阳在此是一切天体,而每个天体都是太阳,同时也是一切天体。"美于是回应了这一梦想,在这里同一性得以保持原状,而不再引入不同;确定性不再排除在外,而是得到认可。没有确定性则不会有形式,也不会有美。提供一处多样形态的轨迹依然存在,但却不再是分开的,甚至坦白讲,不再局限于一个地方:"不是处于每个轨迹都朝向前进的陌生土地:它所处之地,正是它自身所在;当它朝向高处迈进,它来自之处并不离它而去……"

因而"彼处"之美所显示出的特征是,它最终打破了这个我们认为牢不可破的真理。依照这个真理,"所有的确定都是否定"。是的,美所固着的确定性得以保持原状,然而这也就是支配它的否定从此使得它们之间模糊难辨之处:在取消逻辑性的同时,美的确定性不再是其对立的否定;或者以更政治化的说法,"每一个"的权利都保留下来,然而每一个却不再屈从以融入到一切之中。柏罗丁告诉我们,因为每一个的自身从此便"是一切"(est tout)。美于是在作为"美的"概括却充分地得到认可和得以凸显的同时,扮演着如同中国绘画-思想中的未加以分化的虚的角色:所有的障碍最终都被清除,所有的分离最终都被消解。然而对于这个事物根本的虚,即中国版本的精神,其实却可以如此之少的代价来获得:提笔,令空白显现,使形式模糊不清:从感性的狭隘和僵硬中脱离出来，却并没有转向另一个真实；实践一种超越（"味外味"），并非必须为其指定另一个客体。相反，在西方理论的（英雄的）建构中，美，作为上帝的替代者，确定无疑是一个"伟大的客体"（grand Objet）；这就是为什么神秘主义会如此便利地转移到它的身上。

事实上，这正是创造了"欧洲"（Europe）的同一化的强大力量之一：在《圣经》的文本中几乎不存在的，总之从未如此在《新约全书》中表达出来的上帝之美——经由（via）柏拉图主义——变成一个形成中的基督教的重要主题。到底是怎样无法阻挡的观念上的压力在暗中推动，令希腊的需求与"神－创造者"（théo-kalique）的传统相遇，以致奥古斯丁在《忏悔录》中（第3章，6，10）称上帝为"一切美之美"（beauté de toutes les beautés）？将恐怖之神或者爱神转变为美之神有至少两个结果。首先，把创造者上帝变为一切美的唯一源头：从此世界上的美拥有了它被指定在神的智慧中的起源，它们是同一个上帝的作品，并与其相称；接下来，在美的超验性上添枝加叶，在逻辑上具有唯一的上帝的非凡特征。不同于在中国绘画－思想中，精神的超验性处于模糊、含混、"无止境"（sans fin）而"没有目的"（sans destination）地发散中，在这里，事实上，都归于上帝——经由（via）美——作为其唯一可能的"客体"（objet）。同样，也不同于美只是作为神的一种特性，正如在柏拉图甚而柏罗丁的理论

二十二、美之崇拜

中,进而从属于善,在这里,美,与上帝本身合而为一,因而成为上帝欲望的绝对表述,并赢得它的自主性。作为结果,反过头来,是存在于世界上的美,并首先是上帝之子化为人类肉身的躯体之美,作为上帝的"见证"(témoignage)而被赞颂,同时将其加以提升,而非只是作为上帝的倒影:(耶稣的)裸体占据教堂之中——教会的决定;作为结果,反过头来,时代的终结只能作为美的"末日启示录"的幻影来构想,可见的与不可见的悖论——将美撕裂并令其达到极限——最终被提升:上帝在耶稣再临人间时将最终完全"可见"(voir),父与子相匹敌,然而确是以"不可见的"(invisible)方式。

的确,非常清楚的是,导致我们现代性断裂的(始于18世纪的)新兴的美学公然斩断了与美的柏拉图-柏罗丁哲学本体论的联系。根据这个哲学,美存在于其自身,甚至是来自一切永恒的唯一"存在"(est),其后美才为艺术家所体会,后者试图将美的形式放入难以处理的材料之中:美学以作品的创造性视角将美予以取代,每一个天才的创作者都要打造一个最大限度的美的理念;同样地,它与基督教的末世论决裂,根据这一理论,人类最终只能在面对面地对上帝之美的凝视中完成自身的幻象:美从此只能从"品味"(goût)的角度来考量,同时退回到当下体验的唯一快感以及接收的主观前提之中。为世界所陌生的并与其保持着距离的美的理念是否就此被放弃?不要忘记"理想"(idéal)正是出现在欧洲的这一语境中,并且首先正是与艺术发生联系(在狄德罗的《沙龙随笔》中):难道在这里,在这个"美的理想"(idéal du beau)中,我们难道没有看到那些被认为已消除殆尽的事物正从根部重新勃发并被明确继承?因为"理想"总是会回到我们求索却终不会拥有的(柏拉图哲学的)理念的地位。

我们于是无法轻易走出对美的崇拜,走出和美一起被驱走的目的论的支配。美可以从中被分离出来吗?不然对康德而言,如果不是想要发展美的这一至高模式,他何以要补充上关于"美的理想"(idéal de la beauté)这一章?这一美的至高模式不仅仅在于想象力的理念规范,提供了最佳的平均值,作为美的准则和条件,而且还在于没有任何感性再现的理性观念对人类的"终极目的"发出召唤——始终是目的论。然而对于采用浪漫主义审慎文本的黑格尔理论而言,"理想的美"(beau idéal),必须从本性的范畴中脱离出来,正如在偶然性和普遍性所特有的外在性中加以纯净化,只为了保留适合于其精神内涵的事物。它被召唤,从有限的生命中获得自由,进入到"神秘而静穆的美的国度"(席勒[Schiller])——仍是这个目的地;[113] 即便还是以太直接的方式,那个等待中的伟大复归,美,在其自身,开始自我实现。

以迂回的方式,在另一个角度中,我们再次遇到这个问题:当中国人在 19 世纪末开始发现欧洲哲学时,难道不正是这个美的理想主义令他们感到震撼?事实上,这就是与来自印度,即

二十二、美之崇拜

中国人的第一个"西方"（我们是，欧洲人，理所当然，他们的"远西"）的佛教相遇大约十五个世纪后，中国人不得不进入第二个解读时期；为西方学说所支配，他们着手进行其语言及文化的"优点"和"弱点"的大规模比较。传统上极少为发现其他文化而忧心忡忡的他们，开始从这些突然一拥而上的外来者出发，专心于对自身的反思。面对已经同时发展了概念的"普遍性"（généralisation）和分析的"规范性"（spécification）的西方，中国人通过对于"具体"（concret）、"务实"（pratique）、"共同"（commun）、"寻常"（ordinaire）的品鉴，来表达自身的特征。[114] 他们意识到，西方已经发展了艺术的独立性，而他们自己却依然固守着文化的实用性和社会性的观念，因而这也解释了为什么为数众多的中国人感受到"中国哲学和艺术的落后"。康德如此写道，他们开始在语言中打造与欧洲庞大范畴等同的词汇："美术"（l'art）、"对象"（l'objet）、"形式"（la forme）、"判断"（le jugement）、"在己之美"（le "beau en soi"）；甚至辨别"美"（译为"优美"）与"宏壮"（sublime）的差别；或者"快感"（plaisir）的理念，其"与从自我感受中得到或失去并无关系"（予以"漠不关心"的方式），并"沉浸在对于客体形式的沉思中"；等等。

回到其自身——中国人将什么概念置于他们在欧洲所发现的"美"的概念的对面？令我们首先感到惊奇的是：将欧洲思想最

美，这奇特的理念

早介绍到中国的引介者之一和康德著作的重要宣讲人（王国维，1877—1927）提出了"古雅"这个概念。而同时更奇特的是，正如译者自己也开始意识到的，事实上这两个概念各自的领域并不相互适应：美，同时与本性和艺术相关，"古雅"却只从属于美学。尽管如此，一个和另一个，两者通过"形式"（forme）这一概念连接起来。美被束缚在形式之中，而"古雅"则是"表现美的形式"的"第二个形式"（也许是绕过"再现"这一概念的方法，它在此仍属于不可译的重要概念）。然而为什么要在古中国的基底去寻找为数众多的概念中的这一个，并且它从未被定义过，而却要利用文化的差异和源自过往的一个提炼来令其达至与美面对面的高度？

事实的力量来自观察，转入西学研究的中国文人告诉我们，"有一些作品，我们并不会认为绝对地美"，然而它们也不因此就被认为是"功利主义的"以及创作者必然不具备"天资"（génies）[115]……之所以（从康德处借来利器）快刀斩断重要的反对观点是基于：对于美和崇高的判断"是先验的（*a priori*）、普遍的和必然的"，而与"古雅"联系在一起的判断却根据时代不同，相反地（*a contrario*）表现为："后天的（*a posteriori*）、经验论的、独特的和偶然的"；"古雅"因而低于美，它适合于那些，对于他们来说美和崇高无法进入，因为缺乏"天资"而只懂得"应用"（application）的创作者。然而这个"古雅"并非权宜之计，这位

二十二、美之崇拜

思想家总结道，而是具有自身的优点。这里的分析恰好与"共同的经验"（expérience commune）保持着最紧密的联系。中国思想家以微妙却特征显著的方式制造着障碍的同时，在传统的外表和中国文人最平淡的修辞掩护下，向突然汹涌而至并太令人不堪重负的伟大迷思，借入了美。

"共同的"（commun）在此意味着什么？当然最可能的是关于"最大多数的教化"，因为能够通过"修养"来获得；然而我也认为，对于中国文人而言：它没有被赋予人类文化之外的使命，没有被假设一个另外的、正如美所做到的、救世主的－戏剧性的身份，没有利用形而上学的（重要中介）功用，没有依靠来自"绝对"（L'absolu）的权威……揭示总是发生在与其他文化相遇（和显得犹疑）时，即便欧洲对此鲜有分析，我们却不能对存在一个美的戏剧艺术熟视无睹。它，自古希腊始，就与灵魂得救紧密相连，并轻易陷入到"情"（pathos）之中。美是那个面对恶的所在，并根据简单的善恶二元论，与恶出现在轮番交替之间，正如我们不无惊奇地看到的——美——却永不枯竭。程抱一："恶与美组成生机勃勃的宇宙的两个端点"[116]；它们如此一个与另一个相等，这世界的两大"谜团"，人类需要面对的两大"挑战"。如此等等。在这些美好情感的修辞和共同之地，美，消亡殆尽。

按照陀思妥耶夫斯基不断修补的箴言，只有美能够"拯救世界",它是令人期待的救世主,证明了崇拜和牺牲的正义性,然而也更好地维系着陈词滥调的机器:美扮演着"人类苦难"伟大告慰者的角色,正如宗教在更近处所做的那样;它通过单独转到或超越向着自由前进的路途,来作为政治的替代品。朝向美的呼唤因而不是中立的。席勒亦然(何等老生常谈):无论"政治秩序败坏"与否,"美好的艺术"都是"摆脱束缚的积极的"工具,是唯一导向期盼中的伟大和解的手段;这就是为什么献身于美的艺术家,"应该在其时代中摆出异类的样子"[117]。然而让我们来辨识它:这个取道(via)美的理想主义的逃避,难道不会总有一天对我们所有人加以诱惑?不只是美孤立在美的原则之中,而是美还要对它不会呈现的最糟糕的人文主义的阿谀奉承保持顺从。它在意识形态上妥协的同时——在实践上亦是如此——艺术由此陷入困境,并在自身摒弃对美的诉求。如是走出如此之多的愚弄、疲弱和浮夸,美是否将是给予我们现代性的保证。

二十三、走出美？

　　走出美的霸权所要求的，无外乎是一个美以联合的方式所依附的经典理性规则上的批判。三个方面构成了三脚架上的三个角度，而美正高居其上——我将其命名为美的"基座"(piédestal)。首先是再现(représentation)的批判，它开始于黑格尔指出它未能抓住那个无限的决定性——我们可以继续从它的未完成(non-avènement)和中国思想中的非必然性(non-nécessité)中加以追求：再现不只因其特征过于抽象、孤立和可替代的事实而被怀疑，而且在于它的距离－控制(distance-maîtrise)——这个安全的距离使它相信能够在其产生的过程中，不是便利地服从于一个简单的"置于前"(posé devant)的状态，而是保持在与事物面对面的位置上（相比这个太受制于再现的"在前"[devant]，我们更倾向于这个更直接地显示，却更少地受制的"彼处"[là]，存有的彼处，出现在康德和黑格尔理论中）。换言之，回到产生分裂的上游，这个分裂为了自身的需要产生"主体"与"客体"之间以及与再现的支配相关的认知。——还有与判断（*jugement*）的分裂。这个判断充分主宰了一个完全并即刻自我呈现的至高主体的虚幻形象。（当我前往观看一位画家朋友的画作）从他嘴里说出用于中国绘画的话语："让自己沉浸其中吧！"这一下子就提醒我们，从此以后以"这真美"（或不美）来判断不再具有重要意义（另外，难道我能做的只是"注视"它吗？）——这是与作品相关的一个过程，其效果将会持续更长时间，在某个地方进行而不为我所知，甚至也许其结果也从我身边悄然逃离。最终是对于满足（*satisfaction*）的拒绝：相较于建立在"快感"基础上的太轻易的评判，我们更倾向于一个检验（*expérimentation*）的效力，不再作为简单状态而被佯装不见，而是成为作品表达的完成。如果说满足感刚好缺失，不再是因为观众对于艺术家的创新表现出迟疑（司汤达的"在五十年后！"），而是因为从此以后我们提防——转向因循守旧的陈词滥调——走向异化的赞同，和由艺术介入的批评工作。然而现代艺术冲击着这个对于所有奉承和赞美的拒绝，因为它又能在多大程度上放弃制造满足？或者还有什么复杂甚至矛盾的，其他的"满足"，不再被看作是那个面对美时的"快感"，却也在瞄准着艺术？

在美的状况中再进一步。对于美的放弃，从制造它的角度，触及美所端坐并长期统治的基础，即"形式"（*la forme*）。没有

二十三、走出美？

"形式",美还能存在吗?或者抛弃被制造出来的形式,难道不是同时意味着抛弃美?至少如果我们将美不只作为外形(figure)来理解,而是同时更本质地,作为康德哲学意义上的,多种多样结合在一起的统一体来理解。这个统一体通过与理解力相一致的想象力而来:结果与目的论过于一致。过程(processus)从此取代形式的确定。结果:美,被艺术驱逐,如今转到设计领域,毫不羞怯地追求满足的同时,也甚而追求有利益关系的满足(客体的存在不再对我无关紧要,因为通过制造装饰和应用,我与这个客体共存),并明确地给予形式以荣耀;如此,艺术与美这一对最终分离——"美的艺术"(bel art)的终结——留下唯一有关的用语,从此再次自我封闭在一切重新变得可能的权利之中。我不再致力于美,然而我是"艺术家"(artiste)。在从此只存在根据概念来对它加以辨认的意义上,艺术今日不再是唯实论的,而是唯名论的(杜尚和他的小便池打垮了美,却确认了艺术的这一唯名论)。并且,通过这一步,这建立在形式上的过程的一步,强调的不再是完成的作品,而是工作(le travail)。形式是结束、抚平、死亡,这就是为什么对它的判决来自其自身。如此回到形式的上游,不是提升草图的价值,而是要确认工地的重要和如此这般的自给自足:在这一(未完成)阶段,继续存在着未纳入的张力,暴露着非一致性,美还没有造成损害,还没有将生活的混乱隐藏在和谐之下。

从历史和概念的角度，至少有三个时间和三个术语来标记出这一美的分裂和终结。兴高采烈并如释重负地执行死刑，就像我们每次罢黜一个公认不可触碰，却同样有必要处决的王权，以便自动合法化这个分裂以制造现代性。美首先被一分为二，崇高（le *sublime*）（在18世纪）从中松绑而出。它们之间并非只减少关联并产生竞争。崇高，超出美的范畴，使我们看到它不再栖息于被呈现的客体之中，不再只是载体和时机；而是此后所发生与其有关的一切都在主体唯一的反应和知觉中。因此，与其说崇高隶属于形式，更确切地说它来自非形式；或者更进一步，以康德理论的术语，它更激发出一种在本性中的混沌的理念，而非传递一个有着固有目的性的理念；不是（在想象力和理解力之间）制造一种和谐的状态，而更是在（想象与理性的）能力之间引发一个激烈的状态；于是它所获得的满足感也同时是负面的，正如我们所知，同时制造出痛苦和快乐、压抑与发泄、厌恶与吸引。

紧跟而来的是（浪漫主义所贡献的）"丑"。其中的粗制、畸形和不协调并非只是用来必要地烘托出美，或者进而开始进入与美的辩证关系，而是这个丑正当地令紧张压倒平衡，动力战胜和谐，冲突、暴力、对抗超过妥协占据上风。简言之，只有丑，不被怀疑是逢迎和造作的。只有它，能够以逃脱了系统化和服从性而自豪，并且甚至对它们加以藐视：丑，被挑选出来，引爆那些建立起的标准。其反叛的品性认证它的存在；对比美只以反应的

二十三、走出美？

和结果的方式出现，丑所具有的品德制造了它所隐藏的活力。美不只从它的昏睡中醒来，而是通过这一价值的反转，其自身不再出现，而只以这个次等的、无足轻重的负面形象来出现，它来自这个伟大的负面，更具生产力，在这个阴影之中，如此坦然地一片生机。

丑，通过它对顺从和平和的弃绝，通过它任由直接出现的黑暗力量，已经与精神化产生关联。对于鬼神的信仰是它的活力；那里涌现出的精神（*spirituel*），并最终从模糊中走出，（黑格尔或康定斯基都已实践过）与美进行较量。与有别于它的普通的，或者更确切地说，使得精神成为理想主义的可疑分子的，专有的、尘世的和物质的对立者相比，精神更使自己有别于美。美，通过不可并存，将丑显露出来：一个裸体是美的，只能是美的；而永远不会是"精神的"（按照之前论证：形式、可见性的极端、临在的"全部在此"等等）。为了精神的表达，身体必须穿上衣服，也就是说，必须安排一个躲避之所，一个被保护起来的私密，隐藏必须继续有效，以及意向性必须从中显示出来。裸体是反精神的，因为精神呼唤无限对于有限的胜利，形式的超越对于形式的限制和界定的胜利，路径的展开对于惊惧－快感瞬间的胜利等等。检验很简单：只需将美所依托的形式加以最小程度的变形，比如（从格雷考 [Greco] 到塞尚 [Cézanne] 或者贾科梅蒂 [Giacometti]）将其拉伸，以进入精神的范畴。而通过中国，也许这两个传统可以相互交汇或至少相互致意。对中国而言，因为它几乎从未在美面前止步，故而可以在精神层面更好地展开。

在这个对美的罢黜中，是艺术获得了胜利并得到了证明——它已出现在黑格尔哲学中来对抗"理想美"（beau idéal）：从这个理想的控制中获得自由，不再有强加的目的性，艺术从此得以尝试其所愿，并且一切的确变得可能。或许正是在这个"可能的一切"（tout possible）中，轮到艺术自己崩坏，将它在胜利中所获得的带入死亡。非常明确的是，与美切割，艺术同时斩断了它与自然的重要联系。它绝对需要这个联系，然而这个破裂，如何才能修复？如果，自古希腊以来，一个通过与另一个的对立被构想出来，两者组成一个交替关系：自然的生成或人类的创造（phusis/techné），一个也只能如此地按照另一个的被构造出来：艺术，如我们所知，"模仿自然"（imitant la nature），而自然也同时被构想在工匠的图像中（亚里士多德是这方面的理论家）——自然想要、预测、投身到目的之中（还是康德理论）。属于一个，正如属于另一个领域，美在两者之间架起桥梁。它们表面的对抗（艺术是否必须自我限制在"美的自然"[belle nature] 中？）建立在默认的理解基础上，而对此，我认为，我们仍然难以衡量它所具有的令人心安的效果；艺术与自然的分离达到怎样的程度，它才如此竭尽全力地推动其自主性的体验，是什么导致对美的抛弃，坚决丢弃人类这一创造，再没有栏杆用以依靠，在这个充满诱惑力

二十三、走出美？

和令人眩晕的闻所未闻的冒险中，于是只有不变的、迎面而来的孤独。

对此，中国传统提供了一个有效的对照性观点。在这里，没有艺术与自然的对立，它并不明晰地构想一个或另一个。更准确地说，是否在中国有一个"自然"的概念，因为所有的一切都认为是自然？"天"，作为世界不断调控的更新以及事物发展过程的深不可测的基底，被认为是自然；然而也有"天地"，成对组合与形成重要的极性；还有自然天成（"自己如此"）；还有"道"；等等。当艺术实践在中国经历了如此巨大的飞跃，艺术固有的概念，相对之下，却很少得到发展（"艺"还只是偶然出现在18世纪的方熏的著作中）；它是，同样也是，一个在19世纪末，从西方范畴的借入。中国画家又是如何表达的？它"参与"到事物"创造－转化"的伟大进程中（参与造化），也就是说，绘画的过程，不是（创造其客体的）"模仿"，而是与世界的来临拥有着同样的秩序。这就是为什么，我们已经知道，"图像"（image）同时也是"现象"（phénomène）（同一个术语"象"）。极性的内部游戏使得它们，一个如同另一个，"具有生命"（vivre），而再现的理论，在它们之间，找不到发展的空间；并且，不需要隔离和推动"美"，来使它们结合在一起。

二十四、还美以其奇特性

一个如此偏离中心的视点,取道(via)中国,在我看来是如此地有益,不是为了在他方寻找某个答案。如果不是乌托邦的话,他方(ailleurs)从不提供答案,而是因为可以开始摆脱这个正如一把虎钳一样,将今天的我们再度封闭起来的矛盾:不可能再相信美——被废除的最后的崇拜,然而我们也不能将其放过。因为如果我们固守这个唯一的、内在的、美的经历,它在如此至高无上地对艺术进行统治后,为艺术所驱逐,却也使艺术处于崩塌危险之中,那么情况从此会变得禁锢封闭。已经(总是)从一个理论的视角:正如阿多诺所言,"与放弃美的概念相比,我们并不能更多地定义美;这正是我们所称的二律背反"[118]。在这一点上,我们一直没有比《大西庇亚篇》的结篇更进一步。因为,阿多诺继续写道:"如果我们不认为人工制造物,在极其多样的形式下,是美的,那么我们对它们的兴趣则是费解和盲目的。"我们还

二十四、还美以其奇特性

有什么理由认为，不是美，企图将我们的存在拉升到无可救药地平庸和以实用为目的的唯一领域之上？美学本身只是"在历史和相对主义层面上的一个未成型的描述，它描绘了在多种的社会和多变的风格中的这里和那里被视为美的所在"。

阿多诺在此看到一个在逻辑层面的"二律背反"：因为他还把美视为一个范畴，正当地存在于从一个文化到另一个文化之中；正如他所言，他相信这个"美的概念不可避免的普世性"。事实上，如果说一个如此的美的普世性立即就使我们觉得重任在肩的话，那么是的，确实如此，它在当今是"难以避免的"（fatale）。然而假如我们还给美在文化层面上所具有的创造性特征呢？这并不是就此将它相对主义化，因为相对主义化还是以更小的代价将其保持在附属地位之中，而是同样在这里，对于"美"的可能性的条件，提出唯一的、根本性的质疑。事实上，如果我们采取欧洲对于美的选择标准，走向它的霸权以及而后的衰落，这个选择标准所做的更多是填补，而不是抵消。难道我们没有更多的评估标准来脱离这个只是由于对所有不言自明缺乏了解，而就此成为了一个常规的——"理想之美"？我们是否最终还给美它的奇特性（*étrangeté*）？

学着走出浅易的普世主义，而不就此陷入（对于文化主义而言的）相对主义，只是作为反面，没有在范畴层面有任何改变，却使我们继续保留在它的阴影和舒适中。对我而言，这似乎确实是即将开始的任务。如此来理解美作为思想的范畴并非想当然：它与这个可能性有关，以最特别的方式发展了一种语言（或者语言的"家族"：从"美的"中抽出"美"）；与概念性的构成有关，局部地推动了与科学调查联系在一起的哲学的发展；与中介和调和的功能有关，必然产生出二元论的偏见和与世界的巨大分离；或者它与使得形式协调一致的优先权有关，与部分－所有、统一－区分有关，它更多的与构成，而非与相关性有关，等等来自欧洲的选项。"美"命名这个存有的、显现的、超验性的以及感觉直接性的联结－障碍点，使它成为欧洲思想固有的神经痛点。它是在可见之网中捕捉到的绝对，不停地对我们讲述着形而上学，这个它的难解之谜和魅力的——唯一的——力量来源。然而难道不是"希腊人"培育了这一谜语？在它的对面，当我们发现，在中国，人们认为"山水"按照其两极之间的唯一游戏而展开，或者从具有相关联地相互呼应的资质范畴出发，对绘画和文学加以评价和分类，而这些资质没有任何一个遮盖其他或者予以独占，也不作为穹顶和目的性（*telos*）的关键，于是我们要将美从这个使它僵化的，并且最终反过头来反对它，并令我们感到些许不知所措的，明显的概念错误中解救出来。

  从美的概念中产生出非凡工具性的同时，从理论层面的开端（美的难以限定）开始，它自己建构了自己的难题；并且，在当代，实践的层面亦然（来自艺术的拷问："做什么？"）：我们既不

二十四、还美以其奇特性

再能够相信它,也不能将它放过。"美"是便利的、确定的,然而其运作性却如此地使我们变得懒惰,至少变得健忘。我惊讶于人们在这方面不再像尼采对于"善"所做的那样,愿意做一个谱系的调查:不是对于已经被承认的美的不同标准或概念,而是对于充当这个概念突出部分的基底的事物,或者甚至突出部分本身。也就是说,简而言之,我惊讶于一位生物学家在今天还能去做跟二十五个世纪前一模一样的事情(让·皮埃尔·尚汝 [Jean Pierre Changeux][119]):这些致力于全新的"神经-美学"的大脑激活测试,再一次地,在我们的(模仿的、感知的或再现的等等)概念范围内,在又兜了一圈后,证明美是难以限定的,将其列入"美"的唯一标记,好似处于一个可靠的,甚至不容置疑的依靠中,并且仿佛确实存在着"在己之美"(le beau en soi)。不容动摇的柏拉图主义……

比之屈从于美的如同标签般的平庸变化,我不想再质疑任何美的概念的价值(只要认识到它的有限关联性和先决条件就已足够)。如果美不再视自身为一个原初的、有创造性的和有风险性的理念,即将来临的世界无疑是令人生厌的。因为它是隐藏的和矛盾的,所以具有更大的危险性,即便艺术如今已不再相信美,然而这个美的"范畴"(catégorie)——从西方开始产生的理论全球化——已最终扩散到全球。世界上是否还存在这样的地方,那里的人们还没有学会说"美",或者并非必须断言"这真美"?

历史的讽刺在于，美的范畴处于崩溃的确定时刻，也是它不再被一成不变地接受之时。在开篇时我已经指出，中国人或者日本人从此像欧洲人一样使用这个美的范畴，而不再进一步向其主体提出质询，在这个美的范畴之下轻松地列入他们的"美学的"（esthétique）经验，后者被译为"美"的"研究"。由此导致的结果是什么？他们接下来不停地——正好在反面——想要阐述什么是他们的传统"美学"的渊源。甚至，对于并未成长和生活在其文化氛围中的外国人能否进入其中，他们表现得有所保留。我要问的是：对于在这个领域里是否具有传递他们自身概念的能力有所怀疑，难道不是他们毫不批评和分析就借入美这个成为霸权的术语的反过头来的结果吗？在天真地相信这个美之后，他们又过度地对其加以怀疑。如此，美将他们与自身的过去相分离，而非更清楚地加以了解；与其说它有助于文化间的交流，它更将他们的艺术实践退回到无法描述之中，并且制造出分享的屏障。

在欧洲，我们如此之久地为美歌功颂德。总而言之，对我们来说，独特的原因是，在众神死后，我们不再有其他可能的图腾。而后我们又宣布了美之死。然而从这个反叛的呐喊起，其影响本身在今天还没有干涸吗？一个被颠覆的，却不可代替的美能做什么？打碎这个美的范畴，反抗刻板的、制造贫瘠的专断束缚，却并未就此走出对其所设置的先决条件。这些暗含的条件给予美以特权，是时候对其进行必要的揭示和思考；同时探测它们

二十四、还美以其奇特性

所选择的立场和孕育性；衡量美曾经开启过哪些道路，又关上过哪些。简言之，思考它曾经是多么大胆冒险的理念；并且为此，从将美重新放回它的场域所在开始。否则危险在于，再也体会不到美的内在必然性，而是制造出零兑换率一样的货币，从此在世界各地通行，不再是概念的，唯一的标签，并使得注视变得如此迟滞。

一个裸体是"美"的，只能是美的，这要求我们为了思考它而思考美；为了注视它而为美所震撼（s'étonne）。在威尼斯：我只能说出"这真美"，我不能逃离这个需要将它说出口的迫切。在那一刻，只对我自己，一直在重复它，一直被震撼，处于"惊惧"（effroi）和被征服的震动中，即便我们熟悉所有这些景色，并且它们已变得如此寻常。美是一个精确的概念，正如它的不可或缺。的确，当我们沿着大运河拾级而下，威尼斯的建筑跟郊区难看的房屋一样，肮脏、灰暗、死气沉沉，没有任何装饰，侧面的齿形浮雕模糊难辨。然而，威尼斯这座城市"拯救"了它们，将它们将构筑在变化无穷的元素和光线之中，使它们拥有极度的可见性，并在被注视中破茧而出。

参考书目及注解

1 西塞罗（Cicéron）:《论神性》（*De natura derum*），II,98。

2 狄德罗（Diderot）:《论美》（*Traité du beau*），开篇。

3 奥古斯丁（Augustin）:《书信》（*Lettres*） 138，1，5，《忏悔录》（*Confessions*），IV，15，24。

4 黑格尔（Hegel）:《美学演讲录》（*Vorlesungen Über Die Ästhetik*），I, Suhrkampf, Taschenbuchn, 第 205 页。

5 同上书，第 35—40 页。

6 举例如下：《中国美学主潮合集》，周来祥主编，山东大学出版社，1992 年；日文合集 *Nihon shisô*，第 5 卷，*Bi*，东京，daigaku shuppankai, 1984。

7 程抱一：《关于美的五个沉思》（*Cinq méditation sur la beauté*），Albin Michel, 2006, 第 88 页。

8 他就此特别走入这个还算优秀的 Nicole Vandier-Nicolas 的法文译本，《米芾的画史》，巴黎，PUF，1964，第 29、32、49、61、76、119 页等等。

9 俞剑华：《中国画论类编》，中华书局，1973 年，第 492 页。以下简称为《类编》。

10　郭若虚：《图画见闻志》，同上书，第 451 页。

11　在 Yolaine Escande 的法文译本中，"绘画笔记"关于我所看到和听到的（*Notes sur ce que j'ai vu et entendu en peinture, La lettre volée*），1994，第 81 页；或者在 susan Bush 和 Hsioyen Shih 的英文译本中，《关于绘画的中国早期文论》（*Early Chinese Texts on Painting*），哈佛大学出版社，1985，第 106 页。

12　《米芾的画史》，见前引述，第 147 页。

13　石涛：《苦瓜和尚画语录》（*Les Propos sur la peinture du moine Citrouille amère*），李克曼（Pierre Ryckmans）翻译并评注，巴黎，Hermann，1984，第 9 页；比较对"精英"一词的翻译，"fin（subtil）- florissant（distingué）"，第 33 页。

14　《石涛》，李万才编撰，吉林美术出版社，1996 年，第 179 页。

15　阿那克萨戈拉（Anaxagore），法文，12，迪尔斯－克兰茨（Diels-Kranz）编，《前苏格拉底残篇》（*Die Fragmente des Vorsokraticker*），II，第 37 页。

16　席勒（Schiller）：《审美教育书简》（*Über die ästhetische Erziehung des Menschen*），书简（lettre）18。

17　同上。

18　黑格尔：《美学演讲录》（*Vorlesungen Über Die Ästhetik*），见前引述，第 28 页。

19　同上书，第 139 页。

20　同上书，第 128 页。

21　宗炳：《画山水序》，《类编》，第 583 页。

22　同上。

23 王微：《叙画》，《类编》，第 585 页。

24 石涛：《画语录》，第 6 章，《运腕》；第 13 章，《海涛》；第 18 章，《资任》。

25 《美学演讲录》（*Vorlesungen Über Die Ästhetik*），第 177 页。

26 《石涛》，《画语录》第 6 章，《运腕》，章节结束处。

27 比如米芾，见前引用，《类编》，第 459 页。

28 比如郭熙：《林泉高致》，于安澜编撰：《画论丛刊》，中华书局，第 22 页。以下简称为《丛刊》。

29 比如米芾，见《类编》，第 459—460 页；汤垕，见《类编》，第 476 页。

30 米芾，见《类编》，第 460 页。

31 《类编》，第 70 页。

32 同上书，第 84 页。

33 荆浩：《笔法记》，《丛刊》，第 8 页。

34 方薰：《山静居画论》，人民美术出版社，1962 年，第 114、150 页。

35 同上书，第 29 页。

36 同上书，第 91、15 页。

37 《苦瓜和尚画语录》，见前引述，第 117、126 页。

38 Francis Hutcheson，《论美与德的理念的起源》（*Inquiry into the original of our Ideas of Beauty and Virtue*），第二节。

39 《林泉高致》，《丛刊》，I，第 20 页。

40 感谢巴黎高等师范学院的 Marie Farge 给予我的启发。

41 郭熙，见《丛刊》，第 20 页。

42 同上书，第 22 页。

43 Nicole Vandier-Nicolas,《中国风景画美学》(*Esthétique et peinture de paysage en Chine*),klincksieck,1982,第 93 页。

44 郭熙,见《类编》,第 23 页。

45 同上。

46 米芾:《画史》,《宋人画论》,湖南美术出版社,2000 年,第 130 页;比较 Vandier-Nicolas 的译本,第 36 页。

47 同上书,第 140 页;比较 Vandier-Nicolas 的译本,第 49 页。

48 石涛:《苦瓜和尚画语录》,见前引述,第 111 页。

49 《智者篇》(*Théélète*),208 d.。

50 重阅:《不言而道:逻各斯及其他资源》(*Si parler va sans dire, Du logos et d'autres ressources*),Seuil,2006,第 11 章。

51 方熏,见前引述,第 69 页。

52 《苦瓜和尚画语录》,见前引述,第 100 页。

53 参见《论语》中的这类建构,VII,2,"默而识之"。

54 荆浩:《笔法记》,《丛刊》,I,第 7 页。

55 同上书,第 8 页。

56 同上。

57 米芾:《画史》,见前引述,第 123—124 页;见前引述,Vandier-Nicolas,第 24 页。

58 方熏,见前引述,第 69 页。

59 同上书,第 17 页。

60 同上书,第 26 页。

61 同上书,第 113 页。

62 《林泉高致》,见前引述,《丛刊》,第 19 页。

63 　同上书，第 17 页。

64 　《论美》(*Traité du beau*)，*Œuvres*，Pléiade, Gallimard, 1951，第 1096 页。

65 　方熏，见前引述，第 121 页。

66 　《丛刊》，I，第 108 页。

67 　司空图：《诗品》，诗《含蓄》。

68 　重阅：《本质或裸体》(*De l'essence ou du nu*)，Seuil, 2000，再版 Point, Seuil，题目为《不可能的裸体》(*le Nu impossible*)，2005。

69 　《类编》，第 4 页。

70 　同上书，第 47 页。

71 　郭若虚，见《类编》，第 61 页。

72 　《理想国》，472 d-e。

73 　《形而上学》，*Mu*，第 3 章。

74 　《反摩尼教论创世纪》(*De genesi contra Manicheos*)，I,21,32。

75 　奥古斯丁：《书信》33。

76 　奥古斯丁：《上帝之城》，11，22。

77 　《美学演讲录》(*Vorlesungen Über Die Ästhetik*)，第 203 页。

78 　郭若虚，见《类编》，第 450 页。

79 　《芥子园画谱》，《人物屋宇谱》。

80 　苏东坡，见《类编》，第 454 页。

81 　《形而上学》，*Gamma*；重阅：《不言而道：逻各斯及其他资源》(*Si parler va sans dire, Du logos et d'autres ressources*)，见前引述。

82 　《米芾的画史》，见前引述，第 62、67 页，等等。

83 　《苦瓜和尚画语录》，见前引述，第 95 页。

84 　《石涛》，第 16 章。

85 方熏，见前引述，第 30 页。

86 Nicole Vandier-Nicolas,《中国风景画美学》(*Esthétique et peinture de paysage en Chine*)，见前引述，第 96 页。

87 郭熙：《画意》，《丛刊》，第 24 页。

88 石涛，第 15 章。

89 郭熙，《丛刊》，第 19 页。

90 《石涛》，李万才编撰，见前引述，第 205 页。

91 米芾：《画史》，第 158 页，比较 Vandier-Nicolas，第 147 页。

92 宗炳：《画山水序》，《类编》，第 583 页。

93 Hubert Delahaye,《中国早期山水画：宗教方面》(*les premiers peintures du paysage en Chine: aspects religieux*)，巴黎，法国远东学院出版（Ecole Française d'Extrême-Orient），1981，第 105 页。

94 王微：《叙画》，《类编》，第 585 页。

95 郭若虚：《图画见闻志》，引言，《类编》，第 52 页。

96 方熏，见前引述，第 41 页。

97 同上书，第 97 页。

98 同上书，第 108 页。

99 重阅：《普世、划一、共享以及文化之间的对话》(*De l'universel, de l'uniforme, du commun et du dialogue entre les cultures*)，Fayard，2008，第 10、11 章。

100 《文心雕龙》，第 48 篇，《知音》；范文澜编撰，II，第 713 页。

101 《林泉高致》，《类编》，第 17 页。

102 方熏，见前引述，第 23 页。

103 《丛刊》，I，第 108 页。

104 《类编》，见前引述，第 476 页。

105 方熏，见前引述，第 21 页。

106 方熏，同上书，第 16—17 页。

107 《丛刊》，见前引述，第 114 页。

108 方熏，见前引述，第 56 页。

109 《石涛》，第 12 章。

110 Adorno，《美学理论》（*Asthetische Theorie*），Marc Jimenez 译，巴黎，Klincksieck，1982，第 76 页。

111 《美学演讲录》（*Vorlesungen Über Die Ästhetik*），见前引述，第 207 页。

112 《判断力批判》（*Kritik der Urteilskraft*），第 17 章，《美的理想》（Vom Ideale des Schönheit）。

113 《美学演讲录》（*Vorlesungen Über Die Ästhetik*），见前引述，第 207 页。

114 王国维：《论新学语的输入》，收录于《海宁王建安先生遗书》，第 14 卷，商务印书馆，1940 年，第 97 页。

115 王国维：《古雅之在美学上之位置》，收录于《海宁王建安先生遗书》，第 15 卷，见前引述，第 22 页。

116 《关于美的五个沉思》（*Cinq méditation sur la beauté*），见前引述，第 13 页。

117 《审美教育书简》（*Über die ästhetische Erziehung des Menschen*），书简（lettre）8 和 9。

118 《美学理论》（*Asthetische Theorie*），见前引述，第 74 页。

119 Jean-Pierre Changeux，《真、善、美》（*Du vrai, du beau, du bien*），巴黎，Odile Jacob，2008。

译后记

本书头版两年后,终于以更好的译本再次面对中国读者!

即便在两年后再次校译的过程中,我仍被朱利安教授文字的浓度所震撼。然而这个来自哲学思辨的浓度并非化解不开的硬块,而是由文字组合间强烈的诗意所润泽,它所化开的外延织成巨大的网络,并非为了使我们迷失其中,而反过头来,让我们更明确地找到世界文化版图上属于我们(自身文化的)坐标。

美,这奇特的理念,其实,并不奇特。它如此高频率地出现在我们的生活中,"这真美!"说出口时稀松平常,以至于我们似乎已经自动放弃了使用其他词汇表达的能力。如果说百年前,刻意图强的中国引进西方美学理念,对于当时死水微澜的中国学术是一种巨大的正面推动。那么以今日现状来看它是相当"成功"的:因为,我们,中国人,差不多已经非常理所当然地,在用这个借入的理念进行最日常的表达和思考。它如此清晰明确、简

美，这奇特的理念

单易用，而且放之四海皆准。通过它，我们有效地融入西方的语境。理解它，并为它所理解。然而，这个同时是霸权的理念对我们的征服过程，却是以丢弃我们自身文化本源为代价。被事物怦然打动时，我们中有多少人能逃脱"美"之理念的牢笼？美，这个理念，因而又是如此地奇特：它的强大魅力遮掩了今天被翻译成"美"的那些属于中国的，最为丰富的表达："活""佳""上品""秀润""清丽""优雅""传神"和"气韵生动"，等等，更不要说其中所孕含的，与作为本体论基石的"美"完全不同的那个展开的过程——在"默化"中进行。

从这个意义上说，阅读本书的过程，也是重返我们自身文化的过程。虽然如朱利安教授说，其著作本意是写给西方读者的："如此偏离中心，取道中国，不是为了在他方寻找答案。如果不是乌托邦的话，他方从来不会提供答案，而是因为可以开始摆脱这个正如虎钳般，将今天的我们再度封闭起来的矛盾：不可能再相信美——废除最后的崇拜，然而也不能将其轻易放过"。借由在希腊和中国间的往返穿梭，通过迂回的策略，朱利安教授所做的是对西方哲学源头重新爬梳和反思，从另外的角度重新回视欧洲哲学自身。然而，他却并未因此些许减少几十年致力于中国思想研究所生发的对于中国思想发展的忧虑、关切与责任，正如他所指出的，"在中国和日本，那些没有更多的对'美'这一西方概念加以转化，就立刻加以应用来阐述自身传统的人，无疑是文化

译后记

版图上的傀儡，制造出历史过气物的幻象。"因而这本重新审视"美"的著作，对于我们中国读者而言，又多了另外一重特殊的意义：自外部迂回，通过回望朝向欧洲哲学的路途，同时望向我们自己。

虽然师从朱利安教授研习多年，得其亲自释疑解惑，然而本书思辨内容密度之高、建构之缜严、文字之蕴藉，都令作为译者的本人时刻感到如履薄冰。其难度不止于作者的深厚学养使得书中随处可见看似信手拈来，却有着复杂背景和关联的，无论西方哲学还是中国思想的概念和文本，还在于作者语言的运用和把握在行云流水的诗意与缜密凝练的思辨间切换自如。夯实锻造的同时亦留下意犹未尽的空间，让读者自己去思索和体会。对于前者，我不仅按图索骥，找到它们的源头，还要建立起它们之间的潜在联系，从而确切地把握作者的思绪和意图。关于中文文本的引用，则在将作者的法文译文重新翻译成中文的同时，将中文原文以括弧标注在侧；对于后者，几乎是所有译者都要面临的问题，是尽量遵循作者的行文方式，最大限度地还原作者的表述风格，却难免出现法式长句；还是对其饰以中文的表述习惯，却因此失去体会只有此作者才会有的行文风格的机会？朱利安教授对我的建议是，要以让中文读者看懂为诉求。因而当遵循其复杂的行文风格与达到容易理解的目的发生冲突时，我选择后者，将长句予以多重拆分，以考虑中文读者的阅读习惯，尽可能不发生因行文晦涩而放弃深入其思想的遗憾。而这样的长句在文中比比皆是，有时甚至涉及整个段落。将如此结构严整、层层深入的句式打散，有时会不可避免地以牺牲体会作者一步步缜密思辨的乐趣为代价。这时也能最深切地感受到，两种文化借由语言所呈现出的巨大"间距"。而如何在这间距的两端实现对话，则正是作者撰写此书的意义所在。

在此，我要特别感谢卓立（Esther Lin）女士在本书翻译过程中，尤其是难度最大的翻译初期，所给予本人的莫大鼓励和实际帮助。作为朱利安教授著作最具丰富经验的译者，其对朱利安教授思想理解之深对本书的翻译有着巨大的贡献，不但其之前译著中的概念译法被本人在此书翻译中所采用，特别是其所提供的对于朱利安教授关于"美"的阐释的翻译，其中很多概念的中文译法都给本人启发和借鉴，我谨在此对她致以最衷心的敬意与感谢。

此书伴随我做博士研究的整个过程，不但在博士论文中多次引用，更在本人所从事的艺术评论及实际创作中扮演启蒙、启发与启示的角色，能将这份宝贵的思想财富译成中文与读者分享，因而也是我莫大的福气。

本书在翻译上如仍有错漏和需改进之处，还望方家不吝指正。